DIE VERSCHWIEGENE BIBLIOTHEK
IN DER EDITION BÜCHERGILDE
HERAUSGEGEBEN VON INES GEIPEL
UND JOACHIM WALTHER

»Die Verschwiegene Bibliothek«
wurde mit Unterstützung der
Stiftung zur Aufarbeitung der SED-Diktatur
realisiert. Die komplette Textsammlung
ist bei der Stiftung Aufarbeitung archiviert.

Salli Sallmann
Badetag

Mit einem Nachwort von Joachim Walther

Edition Büchergilde

Lizenzausgabe für die Edition Büchergilde,
Frankfurt am Main
Mit freundlicher Genehmigung
der Büchergilde Gutenberg,
Frankfurt am Main, Wien und Zürich

Gestaltung: Thomas Pradel, Frankfurt am Main
Umschlagvignette: Tatijana Lontkijević
Satz: Dörlemann Satz, Lemförde
Druck und Bindung: CPI – Clausen & Bosse, Leck
Printed in Germany 2009 · ISBN 978-3-940111-56-2

Für meine Kinder Anne, Matthes und Jascha

INHALT

Der Hinauswurf

Menschen, die in der DDR Gitarre spielten, eigene Melodien und eigene Texte verfassten und auch noch der Meinung waren, mit ihren musikalischen Produkten vor anderen Menschen auftreten zu müssen, benötigten eine ordentliche staatliche Erlaubnis, da die DDR-Behörden meinten, in der DDR müsse es ordentlich zugehen und da könne nicht jeder einfach so singen, was er will.

Viele Menschen in der DDR waren ordentlich. Ich nicht ganz. In meiner Studentenzeit trat ich als junger Liedermacher bei allen sich mir bietenden Möglichkeiten auf, ich wollte meine Lieder und mich selber ausprobieren.

Ich weiß nicht, wer mich schließlich darauf hinwies, dass meine Auftritte ohne Auftrittserlaubnis in der DDR eigentlich strafbare Handlungen seien. Jedenfalls suchte ich bald Wege, zu einer ordnungsgemäßen Auftrittserlaubnis zu gelangen. Der Liedermacher Gerulf Pannach nahm mich unter seine Fittiche und stellte Kontakte zur Kulturdirektion Leipzig her. Daraufhin wurde ich bei einem so genannten »Einstufungstermin« offiziell geprüft. Bei den Einstufungsterminen wurden Amateur- wie Profi-Kunstschaffende nach ihrem Können bewertet. Ich hatte die nötigen Vorprüfungen absolviert, Vorsingen eigener Kompositionen, Begutachtung der Texte durch eine Kommission, Bühnen-Auftritts-Beurteilungen. Kompositionen und Texte wurden gelobt, das Bühnenauftreten als verbesserungswürdig gewertet. Dass die Kommission die Texte lobte, lag daran, dass ich fast nur Unpolitisches, Poetisches, eingereicht hatte, Alltagsballaden, die wenigen Texte mit direkten politischen Bezügen beschäftigten sich mit dem Vietnamkrieg der Amerikaner, gegen den auch ich war, oder mit dem Militärputsch in Chile 1973.

Nun hatte ich also eine Einstufung als Liedermacher, ich durfte offiziell mit eigenen Liedern auftreten, und ich trat auf in Leipzig, in Dresden, in Sachsen, ich sang in Jugendclubs, auf Weihnachtsfeiern an der Uni oder für dreißig Mark in Leipzig-Connewitzer Eckkneipen. Ich nahm alles mit, was sich anbot.

Eines Tages aber bekam ich einen Brief vom Leipziger Kulturkabinett, einer Instanz der Leipziger Kulturdirektion. Ich wurde darauf hingewiesen, dass zugelassene Liedermacher meiner Einstufung (ich hatte eine mittlere C- und noch keine Profi-A-Zulassung) nur dann Auftrittsberechtigung besäßen, wenn sie als Solisten an das Kollektiv eines Ensembles angegliedert seien. Na gut, dachte ich, dann her mit dem Kollektiv.

Ich bewarb mich beim »Chansonclub Leipzig«, angesiedelt beim Klubhaus »Arthur Becker«. Der Chansonclub war eine achtzehn Mitglieder umfassende, fast professionelle Singegruppe, die auch auf Tourneen ging und ins sozialistische Ausland eingeladen wurde. Sie sangen das gesamte Repertoire des berühmten DDR-Singeclubs »Oktoberklub«, wie »Sag mir, wo du stehst« plus Arbeitertraditionslieder wie »Brüder zur Sonne zur Freiheit« und alle gängigen Freiheitslieder der Befreiungsbewegungen sowie sowjetische Solidaritäts- und Militärlieder.

Eigene Stücke gelangen ihnen nicht so gut, und so schienen sie an mir recht interessiert zu sein, als ich mich vorstellte und die ersten zehn selbst geschriebenen Songs vorspielte.

»Interessant«, meinte Ortwin Quartz, der Leiter, »wir werden über deine Bewerbung abstimmen.« Ich wusste zwar nicht, wer »wir« sein sollte, denn Quartz entschied alles alleine, aber er oder sie nahmen mich auf, und wir gingen fortan gemeinsam auf die Bühnen in und um Leipzig. Ich sang und spielte ihr Programm mit, konnte aber nach Absprache auch eigene Auftritte ohne die Songgruppe buchen oder innerhalb des Programms des Chansonclubs eigene Lieder vortragen.

»Da ist nur eine Sache«, sagte Ortwin Quartz nach einem Auftritt im Maschinenbau-Klubhaus »Roter Oktober«. »Manche deiner Songs passen nicht besonders zu unserem Programm. Sing doch bei uns lieber deine schönen traurigen Liebeslieder und lass die politischen Sachen weg. Wir pflegen hier das Chanson, und wir wollen doch Erfolg haben, aufsteigen, auch mit dir zusammen! Da musst du uns auch ein bisschen entgegenkommen!«

Dieses Ansinnen verstand ich sehr genau, und ich nahm mir vor, mich an das zu halten, was ich da in meinem Sinn verstanden hatte.

Bei einem der folgenden Auftritte kündigte Ortwin Quartz meinen verabredeten Block mit eigenen Liebesliedern an. Nur Liebeslieder, hatte Ortwin mir eingeschärft, aber ich hielt mich an das, was ich verstanden hatte. Ich sang Liebeslieder, sagte dann vor dem letzten Stück, ich hätte in der Aufregung leider den Text vergessen, und sang stattdessen die »Bahnhofsballade«, die davon erzählte, wie ich wegen meiner langen Haare von der Transportpolizei verprügelt worden war.

Nach dem Auftritt warf mir Ortwin Quartz kalte Blicke zu.

»Wenn du noch weiter bei uns mitmachen willst, lässt du das Tricksen.«

Ja, er hatte ja recht, ich hatte getrickst. Aber ich wollte weiter in der Songgruppe mitmachen, damit ich weiter solo auftreten konnte, und so entschuldigte ich mich und gelobte vorerst Besserung.

Einige Monate später traten wir im Leipziger Klubhaus der SED-Parteiveteranen auf. Auf dem Programm stand unser gesamtes Repertoire, unter anderem das italienische Partisanenlied »Bella Ciao«, »Partisanen vom Amur«, »We shall overcome« und »Wem gehören die Fabriken?« und »Die ganze Erde uns und kein Stück unseren Feinden«.

Unsere Solistin Bärbel trat ans Mikrofon. Sie war sehr schön und sang sehr schön und war im Chansonclub sehr ernsthaft bei der Sache. Als Erstes sang sie das Lied »Frieden«.

Es geschah im zweiten Refrain. Mitten im Refrain brach Bärbel ab.

Bärbel, die eben noch vom Kampf gegen die Feinde des Sozialismus gesungen hatte, drehte sich vorn auf der Bühne einmal langsam um sich selbst, fast, als würde sie nun tanzen, sie schwenkte auch die Arme, besonders den rechten, hoch, wie in theatralischer Geste. Dann wandte sie den Kopf zur Decke, als könne von da eine Kraft kommen, die Stimme erneut zu heben, währenddessen ihre Knie die Vollendung der Drehung leicht abzufedern begannen, schließlich aber nachzugeben schienen, in Abwärtsdrehung des Körpers, die Solistin, Halt suchend am Mikrofonständer, streckte sich vor den Augen der Parteiveteranen hin auf die Bühnenbretter, den Mikrofonständer mit sich reißend, herausschleudernd aus dem Ständerkopf das am Kabel befestigte Mikrofon, das nun, wie ein zu großer Köder an der Angelschnur, laut polternd die Stufen zum Publikum hinabkullerte, die Geräusche der ungewünschten Fallbewegung dutzendfach verstärkend durch die elektrische Lautsprecheranlage.

Wir anderen hatten sofort die Instrumente beiseitegelegt und waren der bedauernswerten Solistin beigesprungen, die Ärmste, sie atmete, sie kam wieder zu sich, ihre erschrockenen Augen blickten aus leichenblassem Gesicht, ein Kreislaufkollaps, ein Schwächeanfall, Bärbels Glieder zitterten, so konnte sie nicht weitersingen. Das Programm war unterbrochen. Die SED-Veteranen murmelten und zischelten. Man hörte Kuchengabeln klappern.

Wir trugen Bärbel hinter die Bühne, wo mich Ortwin Quartz an der Schulter riss: »Los, raus, singen!«

»Was denn, ich alleine?«

»Ja, wir müssen überbrücken, sing!«

»Bist du sicher?«

»Ja doch«, sagte Ortwin hektisch, »mach schon, zu was hast du den Solisten-Ausweis?«

»Aber mit dem ›Frieden‹ kann's nicht weitergehen, ich könnte nur meine eignen Lieder ...«

»Dann sing eben das alles, dein Zeug eben.«

»All mein Zeug?«

»Ja, mach schon!«

Mit der Genehmigung des staatlichen Leiters der »Chansongruppe Leipzig« ging ich wieder hinaus, nahm meine Gitarre, stellte mich vor die zweihundert Veteranen der Sozialistischen Einheitspartei Deutschlands und sang mein »Spielzeuglied«[1], das gegen den Verkauf von Kriegsspielzeug in den Kaufhäusern der DDR argumentierte. Dann sang ich das Lied »Badetag«[2], in dem auf miese Wohnverhältnisse in der DDR angespielt wurde. Dann sang ich meinen Song über das Trampen in der DDR, in dem von »Zwängen der Zeit« die Rede war und dass man diesen Zwängen »den Zahn ziehen« sollte und dass »ein neuer Weg« gesucht werden sollte, »und ist es auch nur Flucht«[3].

Der Beifall der Parteiveteranen war, nun, neutral.

Danach kam die wieder erstarkte Solistin zurück auf die Bühne, und wir sangen gemeinsam mit den übrigen Angehörigen des Chansonclubs »Und weil der Mensch ein Mensch ist ...« und »Dem Morgenrot entgegen«.

Etwa eine Woche nach dem Auftritt bat mich Quartz zu einer Aussprache.

Klagen seien gekommen wegen meiner Songs, die ich im Parteiveteranenclub vorgetragen hätte, Klagen von Seiten

---

1 Vollständiger Text »Spielzeuglied« im Anhang, S. 208f.

2 Volständig zitiert im Nachwort, S. 229

3 Vollständiger Text »Tramperromanze« im Anhang, S. 214f.

der Partei. Ich hätte das Ansehen des Chansonclubs beschmutzt. Ich würde die Arbeit des Chansonclubs gefährden. Das könne nicht so weitergehen.

Ich widersprach: »Ortwin, du hast mich doch selbst zum Singen meiner Songs auf die Bühne geschickt!«

»Aber du weißt doch, welche Lieder du vor Parteiveteranen singen kannst«, konterte Ortwin.

»Genau«, sagte ich, »die, die ich am besten kann, und die hab ich auch gesungen.«

Ortwin schnaubte verächtlich. »Du weißt genau, was ich meine: Dir war klar, welche Songs du da unmöglich singen konntest, nämlich die, die du gesungen hast. Und ich fühle mich wieder persönlich von dir provoziert.«

Auf seine Weise hatte Quartz recht. Sang man an unpassender Stelle die falschen Lieder, konnte man leicht Schwierigkeiten bekommen. Aber ich, ich hatte ja auf meine Weise auch recht. Wenn man in den Liedern immer um alle Ecken und Kanten herumlavierte, dann nahm man auch irgendwann alle »heißen« Themen aus dem Programm.

Ortwin sagte: »Warum hast du nur ›Badetag‹ gesungen? Jetzt heißt es, der Chansonclub Leipzig verbreitet feindlich-negative Texte.«

»Lies dir doch den Text von ›Badetag‹ durch, da werden nicht mal Fragen gestellt, und es geht nur um eine zu enge Küche, in der Liebe in einer Badewanne gemacht wird. Mein Gott, ganz harmlos, enge Küchen gibt's auf der ganzen Welt, Badezimmer, die fehlen eben hier und da, also auch bei uns in der DDR, warum sollte man nicht drüber singen und schreiben?«

Ortwin verzog leidend und genüsslich zugleich den Mund.

»Und das, Sallmann, ist genau dein Problem mit der Realität bei uns. Gut erkannt: Enge Küchen gibt's auf der ganzen Welt. Dann schreib doch ein Lied über die engen

Küchen auf der ganzen Welt! Aber du, du schreibst nur über die engen Küchen in der DDR. Warum? Es scheint, als würdest du ausgerechnet dem Sozialismus den Vorwurf machen, dass es in ihm enge Küchen gibt, mehr noch, du unterstellst der Partei und der Regierung, dass sie nichts gegen zu enge Küchen und fehlende Badezimmer im Sozialismus tun!«

»Hä«, machte ich, »wie kommst'n jetzt darauf?«

»Na, ganz einfach!« Ortwin war nun genervt. »Du redest in diesem Text nicht von den anderen fehlenden Badezimmern und zu engen Küchen auf der ganzen Welt, du erwähnst sie gar nicht, sondern nur unsere zu engen Küchen. Du willst die Zustände in der DDR anschwärzen, du willst provozieren, wie du es ja auch vor den SED-Parteiveteranen bewiesen hast.«

»Nu hör aber ma uff nu«, fuhr ich hoch, »ich habe versucht, so was wie Beschreibung von Wirklichkeit vorzunehmen, mehr nicht, ich suche mit meiner Freundin seit drei Jahren irgendeine Wohnung, die ein Badezimmer hat. Und was du hier machst, das ist die Ideologisierung des Textes, die du mir vorwirfst, und die stimmt deshalb nicht, weil es ein schlichtes Liebeslied ist, drei Strophen, da passen nur Leipziger enge Küchen rein, und nicht auch noch die in Hamburg, Paris und Tokio!«

Ortwin winkte ab. »Nee, so einfach kannst du dich jetzt nicht rauswinden, so von wegen à la Liebeslied, du stellst nämlich die Liebe unter den bedrückenden Bedingungen im Sozialismus dar, das ist es doch, was du willst!«

»Ich stelle die Liebe in der Badewanne unter den bedrückenden Bedingungen einer Gemeinschaftsküche in Ermangelung eines Badezimmers dar«, sagte ich aufgebracht, »und ob in der engen Küche der Sozialismus ausgebrochen ist oder nicht, kommt in dem Text nicht vor!«

Ortwin schüttelte betrübt den Kopf. »Ich sehe, du bist

und bleibst uneinsichtig und willst mit dem Kopf durch die Wand, aber so rennst du nur dagegen. Du musst lernen, das einzusehen. Ich denke, wir sollten über das Gesagte nachdenken, das wird das Beste sein. Deshalb entbinde ich dich erst einmal provisorisch von der Mitgliedschaft im Chansonclub, bis die Songgruppe entschieden hat, ob sie nach diesem Vertrauensbruch noch mit dir auftreten will. Wir informieren dich.«

Sie informierten mich. In Briefform. Da stand zu lesen: »Der Chansonclub Leipzig hat aufgrund der Vorkommnisse beim Auftritt vor Parteiveteranen und der folgenden Aussprache beschlossen, nicht mehr mit Salli Sallmann aufzutreten.«

Dabei lag noch ein weiteres Schreiben von Ortwin Quartz an mich persönlich: »Damit erlischt auch deine über den Chansonclub Leipzig erworbene Auftrittsgenehmigung als Solist. Ich bitte dich, den Ausweis umgehend an den Chansonclub zurückzusenden.«

Das tat ich natürlich nicht. Meine »Solisten-Genehmigung« benutzte ich vielmehr, um so rasch wie möglich so viel wie möglich Soloauftritte für mich in sächsischen Jugendclubs zu organisieren. Ich wusste ja, was nun kommen würde. Es kam alsbald ein weiterer Brief. Diesmal von Kulturdirektion und Kulturkabinett Leipzig: »Vom Leiter des Chansonclub Leipzig wurde Ihnen mitgeteilt, dass Ihre durch uns erteilte Auftrittsgenehmigung mit Ihrem Ausscheiden aus dem Chansonclub Leipzig erloschen ist. Wir weisen darauf hin, dass widerrechtliches Auftreten als Solist/Liedermacher in der Öffentlichkeit ohne gültige Auftrittsgenehmigung noch im laufenden Kalenderjahr 1974 strafrechtliche Konsequenzen nach sich ziehen kann. Weitere Schritte behalten wir uns vor.«

Da war es also, das viel gefürchtete, unter Musikern viel beredete Auftrittsverbot.

Ich ging erst einmal ein großes Bier trinken, vielleicht auch zwei. Dann ging ich wieder nach Hause. Und da standen sie, meine Gitarren, meine Schreibmaschine, und ich wusste genau, sie wollten weiter befingert und bespielt werden.

Pionierknoten

Die »Sängerhalle« war Anfang der sechziger Jahre die einzige Kneipe in Gornsdorf im Erzgebirge. Dahin gingen nur Leute, die es sich zu Hause nicht richtig gemütlich machen konnten. Das sagte jedenfalls meine Großmutter. Herr Schmitters zum Beispiel, munkelten meine Großeltern, tränke zu viel, deshalb hätte er zu Hause auch Probleme mit seiner Frau, und wegen der Probleme wiederum müsste er so viel trinken gehen in die »Sängerhalle«.

Herr Schmitters erregte bezüglich seiner Trink- und Lebensgewohnheiten das Interesse meiner Großeltern wie auch der übrigen Dorfbewohner, weil er ein aus der Partei ausgeschlossener Trunkenbold war. Die Partei schloss notorische Trunkenbolde aus. Sagte meine Mutter.

Die Partei, was das war, wusste ich nicht so genau. Die Partei, so viel wusste ich dennoch, war zuständig für die Frage, warum die Menschen im Kapitalismus so viel trinken. Weil es den Menschen im Kapitalismus so schlecht geht, dass sie trinken müssen. Sagte mein Klassenlehrer in der Gornsdorfer Schule. Deswegen sei die Partei bei uns an der Macht, damit das alles besser würde. Was Kapitalismus bedeutete, wusste ich wiederum auch nicht, nur, dass es etwas Schlechtes sein musste. Meines Wissens lebten wir im Erzgebirge im Sozialismus, denn das stand auf allen Transparenten und Plakaten.

Aber welche Partei war zuständig für die Frage, warum die Menschen im Sozialismus so viel tranken?

In Gornsdorf gab es eine Menge Leute, die in der Woche wie an den Wochenenden abends in die »Sängerhalle« gingen, und auch unsere Nachbarn holten sich zum Wochenende Bierkästen und Schnapsflaschen aus dem »Konsum«.

Auf dem Weg von den Großeltern hoch zur Wohnung meiner Mutter am Oberen Gutsweg 5 begegnete ich Herrn Schmitters an einem Samstagnachmittag, und aus sicherer Entfernung drehte ich mich um und rief ihm nach: »Na, gehen Sie wieder trinken?« Herr Schmitters drehte sich auch um, erstaunt, wie ich sah, und ich bekam es mit der Angst und rannte schnell weg.

In dieser Zeit entwickelte ich ein Talent. Als mich wieder einmal zwei größere Jungen in der großen Pause hinter einem Gebüsch am Rande des Schulhofes festhielten, um mich kurz zu verdreschen, schrie ich übertrieben hysterisch um Hilfe und verdrehte dazu kasperhaft die Augen, so dass die beiden Bösewichte mich in einem Lachanfall losließen. Sie riefen hinter mir her: »Der spinnt ja!«, hielten sich aber vor Lachen die Bäuche. Immerhin, ich war ihnen entwischt, meine eigenartige Notwehr hatte geholfen, ich löste Lachen aus, obwohl es mir mies ging. Das merkte ich mir.

Bald darauf begann ich in den Schulstunden unvermittelt laut zu lachen, um die Langeweile durchzustehen oder weil ich vor der Strenge der Lehrer Angst hatte. Meine Note in Betragen sank von zwei plus im ersten Schuljahr auf drei im zweiten und dann auf vier minus im dritten Schuljahr. Die Lachanfälle trugen aber insgesamt gesehen zur Kurzweil in den Unterrichtsstunden bei, so dass sich einige Jungs, die auch gern lachten, aus den verschiedensten Gründen, mit mir anfreundeten.

In meinem Zeugnisheft hingegen stand: »Er neigt zum Kaspern und hat sich auch sonst immer öfter schlecht betragen. Diese Suche nach Aufmerksamkeit ist ihm abträglich.«

Das mit dem Heischen nach Aufmerksamkeit mochte ja stimmen, aber: Die Lehrer wussten nichts von der Prügel verhindernden Macht des Kasperns.

Mein Entschluss stand fest. Ich wurde Klassenkasper.

Es war kein richtig hysterisches, überdrehtes Lachen, das

mich in manchen Unterrichtsstunden befiel, eher ein meckernd verzweifeltes, das eines Blödians, der immer zur Unzeit lacht.

Jedenfalls, durch meine Klassenlachereien wurde ich in der Klasse immer beliebter.

Auch die anderen Jungs strengten sich nun an, originell zu sein, sozusagen Profil zu zeigen, es gelang ihnen aber nicht, Kaspereien wie ich zu vollführen. Dennoch brachten wir in dieser Zeit einiges an Spaß miteinander zustande.

Da aber meine Schulfreunde im Gegensatz zu mir, der ich im Unterdorf wohnte, alle aus dem oberen Ortsteil kamen, beschränkten sich meine Freundschaften auf die Schulstunden und Schulausflüge, die Entfernung zwischen Unter- und Oberdorf betrug immerhin fast drei Kilometer.

Doch nicht nur neue Freunde bekam ich als Grundschüler, sondern auch neue Feinde. Ärger handelte ich mir nicht vorrangig wegen der Klassenkasperei, sondern wegen des Pionierhalstuches ein. Nicht, dass ich es etwa nicht gern trug. Als Schulanfänger waren wir fast alle Mitglieder der »Jungen Pioniere« geworden, und ich sogar sehr gern, weil ich vorher, aus der Kindergartenperspektive, die Jungpioniere mit ihren blauen Halstüchern beneidet hatte, sie wirkten immer so groß und überlegen.

Dieses blaue Tuch sollten wir »Jungen Pioniere« eigentlich jeden Tag im Unterricht tragen, der Haken war nur, dass das Tuch mit einem speziellen Knoten, dem Pionierknoten, gebunden werden musste, damit ein richtiger Jungpionier auch als ein solcher erkannt werden konnte, wie uns die Pionierleiterin klarmachte. Die Pionierleiterin war auch die große Schwester meines Freundes Pfüller Stefan, sie war immer in Ordnung gewesen, auch nachdem sie Pionierleiterin an unserer Schule geworden war. Aber in Sachen Pionierknoten war sie dogmatisch. Jedenfalls sagte das Hauk Michael aus meiner Klasse, dessen Vater ein Doktor war.

Ich konnte den Pionierknoten nicht. Ich gab mir die größte Mühe, ihn zu lernen, schaffte es aber nie. Schließlich machte ich einen einfachen Knoten, aber der Klassenlehrer sagte, das ginge nicht, ein einfacher Knoten im Halstuch eines Jungpioniers sähe entwürdigend aus. Ich solle dann lieber ganz auf das Tragen des Halstuches verzichten.

Doch das wollte ich nicht. Da holte er mich vor die Klasse und übte mit mir im Unterricht den Pionierknoten.

Mir war das peinlich, die Mädchen begannen über mich zu kichern, und ich merkte den Unterschied zwischen freiwilliger und unfreiwilliger Komik, als ich vor versammelter Klasse aus Angst vor einer Blamage wie ein Besessener knotete und knotete. Schließlich ließ ich das Pioniertuch morgens doch zu Hause.

Im unteren Ortsteil von Gornsdorf gab es ein paar große Jungs, die in die achte und neunte Klasse gingen und auf dem Nachhauseweg von der Schule Langeweile hatten. Mein Pech war, ich wohnte – wie gesagt – auch im unteren Ortsteil. Und weil ich meist blass und käsig aussah, wurde ich zu ihrem Lieblingsopfer.

Sie begannen nach mir zu spucken, sie rannten mir nach, wenn ich ihnen auf dem Schulweg begegnete. Sie bewarfen mich mit Steinchen, aber auch mit Steinen, sie traten nach mir, wenn ich ihnen auf dem Schulhof zu nahe kam.

»Wenn morr diech mol erwischen«, riefen sie mir johlend ohne Grund nach, »bisde droan.« Einfach so, aus Zeitvertreib.

Von nun an wurde für mich jeder Heimweg von der Schule zum Albtraum. Ich lief große Umwege, nur, um den großen Jungs nicht zu begegnen.

Einmal erkannten sie mich nach der Schule von der anderen Straßenseite aus.

»Ist dos nicht unser Freind?«, riefen sie höhnisch und kamen herüber. »Na, hast de immer noch nich kapiert, wie de uns grüßen musst?«

Sie drehten mir die Arme auf den Rücken und traten mir in den Bauch, dann ohrfeigten sie mich und warfen mich in eine Pfütze.

Ich stand aus der Pfütze auf und machte aus Angst eine Verbeugung vor ihnen, wie sie es mir vorgeschrieben hatten.

Da ließen sie mich gehen, vielleicht war ich ihnen langweilig geworden? Sie liefen vor mir her, und ich lief schluchzend in die gleiche Richtung.

Plötzlich fiel ihnen auf, dass ich kein Pionierhalstuch trug. »Wieso hast'n kä Pioniertuch? Kaast de wenigstens de Piongebote, du Sack?«, fragte mich ihr Anführer. Ich musste ihnen per Pionierehrenwort versprechen, die Pioniergebote auswendig zu lernen. Ich hätte ihnen alles versprochen, damit sie mich nur in Ruhe ließen. Zwei Tage später zerrten sie mich in der Schule grinsend ins Klo, als ich ihnen begegnete, und hieben mir in den Magen.

»Na, kaast de nu endlisch de Pioniergebote, du Drecksack?«, fragten sie und quälten mich noch ein wenig mit Fausthieben.

Meiner Mutter und den Lehrern verriet ich nichts von meinen Peinigern, weil ich nicht als Petze und Memme gelten wollte. Schließlich geriet ich in solche Panik, dass ich nachmittagelang zu Hause saß und die Pioniergebote auswendig lernte. Sie lauteten:

WIR JUNGPIONIERE lieben unsere Deutsche Demokratische Republik. WIR JUNGPIONIERE helfen mit, den Frieden zu schützen. WIR JUNGPIONIERE lieben unsere Eltern. WIR JUNGPIONIERE halten Freundschaft mit den Kindern aller Länder. WIR JUNGPIONIERE lernen fleißig, treiben Sport und halten unseren Körper sauber. WIR JUNGPIONIERE sagen die Wahrheit. WIR JUNGPIONIERE helfen überall tüchtig mit. WIR JUNGPIONIERE singen, tanzen und spielen gern. WIR JUNGPIONIERE sind gute Freunde und helfen einander. WIR JUNGPIONIERE tragen mit Stolz unser blaues Halstuch.

Ich lernte die Pioniergebote, anstatt Hausaufgaben zu machen. Meiner Mutter sagte ich, wir müssten sie für die Schule auswendig lernen.

Ich wollte das alles ganz edel alleine ausmachen.

»Typisch für die Kommunisten«, sagte mein Opa, der früher bei den Nazis gewesen war und nun in der Sofa-Ecke saß und Zigarren rauchte. Und die Welt nicht mehr verstand, weil sie nicht mehr so war, wie er sie verstehen wollte. Sagte meine Großmutter.

Wenige Tage später begegnete ich meinen Peinigern auf dem Weg zur Schule erneut. Ich flüchtete in einen Nebenweg, aber sie kamen mir nach, holten mich ein und warfen mich vor der Einfahrt eines Bauernhofs in eine riesige Brennnesselhecke. Dann sagten sie: »Wenn de uns jetz nisch de Pioniergebote uffsachst, schmeissn morr disch inn' Dorfbach.«

Der Größte von ihnen stellte mir den Fuß auf die Gurgel und presste mich so weit in die Brennnesseln, dass ich gerade noch Luft holen konnte. Während ich die Pioniergebote herausröchelte, stopften mir die anderen Brennnesseln in die Hose. Als ich ausgeröchelt hatte, ließen sie von mir ab. Der Anführer half mir grinsend aus den Brennnesseln: »Nu, siehste, bist doch in Ordnung. Du musst nur immer machn, wuss mir dir soachn. Unn wehe, mir treffn disch noch emol, un du kaast de Pioniergebote nich!«

Damit war ich sie los. Für immer?

Ich öffnete die Hose und zog die Brennnesseln heraus. Dort brannte es überhaupt nicht. Es waren große, alte, bereits taube Nesseln gewesen.

Immer, wenn später in der Schule von Vaterland und Sozialismus und Pflicht und Ehre die Rede war, fielen mir die großen Jungen ein und das Auswendiglernen der Pioniergebote.

Später, in der fünften Klasse, hatten wir einen jungen Klassenlehrer, Herrn Wedemeier, der mit uns Exkursionen unternahm. Auf einem Klassenausflug, einer Waldwanderung, fragte er, ob wir, die wir nach Beginn des Schuljahres aufgestiegen waren und nicht mehr »Junge Pioniere« hießen, sondern endlich »Thälmannpioniere«, also vollwertige größere Pioniere, ob einer von uns eigentlich noch die Pioniergebote kenne. Er fragte das nicht richtig im Ernst, aber ich sagte sie sofort und vollständig auf. Ich war der Einzige, der sie noch konnte, und einige aus der Klasse lachten mich ein bisschen aus, weil sie das für streberhaft hielten.

Zu dieser Zeit ging ich mit meinem Kumpel Pfüller Stefan nachmittags manchmal zum Hecker-Gut. Das war das Gut des LPG-Bauern Hecker, der früher etwas wohlhabender als die anderen Bauern gewesen sein musste, denn es war ein sehr großes Gut. Die LPG-Bauern hatten ihre Bauernhöfe behalten, betrieben aber Viehzucht und Ackerbau auf kollektiver Basis. Wir liefen quer über die Weiden, um Bruni, unsere Lieblingskuh, zu besuchen.

Bruni war eine einjährige Kuh, noch ohne Euter, und sie ließ sich von uns streicheln. Leider kamen ihre vielen Artgenossen, ebenso gierig nach Zuwendung, uns schneller näher als uns lieb war, so dass Stefan und ich dann stets die Flucht ergriffen und wir uns hinter der Stacheldrahtkoppel in Sicherheit brachten, derweil die Jungrinder, vor Erregung tobend, ihre Hörner an den Steinwällen vorm Zaun wetzten.

Der Stacheldrahtzaun vor den Jungrindern war der Stacheldrahtzaun meiner Erfahrung, weshalb ich nicht verstand, dass meine Mutter und meine Großeltern zu Hause ständig über den Stacheldrahtzaun zwischen Ost und West sprachen, wo vor einiger Zeit eine Mauer gebaut worden sein sollte.

Wir in der DDR waren die DDR-Menschen, und hinter dem großen Stacheldrahtzaun war die große Koppel für Rinder, das war doch in Ordnung so.

Der Stacheldrahtzaun schützte mich vor der großen, animalischen Liebe der Rinder. So irgendwie stellte ich mir diese Mauer vor. Ich verstand es nicht, wenn der Großvater oder meine Mutter sagten, es sei wieder jemand im Stacheldraht umgekommen. Ich kroch jedenfalls unter dem Stacheldraht immer durch, wenn die Kühe kamen.

Mein Drang, aus Selbsterhaltungstrieb heraus im Unterricht zu lachen, war mittlerweile noch ausgeprägter geworden. Dabei hatte sich ein ziegenhaft meckernder Tonfall herausgebildet. Mein Gemecker brach nun oft und völlig unerwartet über manche Unterrichtsstunde und manchen Lehrer herein. In erheblicher Lautstärke erschallte mein Lachen an Stellen des Unterrichts, an denen ich selbst nicht damit gerechnet hätte. Im Zensurenheft stand bei »Betragen« eine neue Variante: »Neigt nach wie vor zum Kaspern vor der Klasse, hat eine fröhliche Art, sollte aber mehr zu konstruktivem Verhalten erzogen werden.«

Meine »fröhliche Art« war also destruktiv.

Einmal packte es mich in Erdkunde beim Lehrer Thierfelder.

Wir hatten gerade ein neues Kapitel begonnen, und Herr Thierfelder las uns etwas über die verschiedenen Klimazonen der Erde vor. Als er uns die Ausdehnung der Subtropen erklärte, zerriss es mich. Ich wusste nicht, warum. Vielleicht, weil wir in der DDR nie in die Subtropen kommen würden. Ich hielt mir die Hand vor den Mund und wieherte in mich hinein, aber es half nichts, und plötzlich meckerte ich laut und schrill in seinen Vortrag.

Wir im Erzgebirge bekamen die Subtropen erklärt!

Herr Thierfelder brach ab und wies mich zurecht.

Als Herr Thierfelder die Grenze zwischen mitteleuropäisch gemäßigtem Klimabereich und subtropischem Klimafeld etwa durch die Mitte des italienischen Stiefels zog, blökte es aus mir heraus, ohne dass ich noch etwas dagegen hätte unternehmen können.

Herr Thierfelder verwarnte mich erneut. Bilder von süditalienischen Dattelpalmen zeigte er als Dia, untermalt von meinem tosenden Gemecker. Herr Thierfelder jagte mich brüllend aus dem Klassenzimmer, zur Abkühlung, wie er schrie: »Runden drehen auf dem Schulhof!«

Schnaubend rannte ich hinaus auf den Schulhof, der, es war Winter, tief verschneit dalag. Ich stapfte kichernd und prustend im Kreis durch den Schnee. Der Hausmeister hielt beim Schneeschippen inne und betrachtete mich staunend.

In der nächsten Stunde hatten wir Staatsbürgerkunde bei Herrn Kaden.

Diesmal erklärte uns Herr Kaden wieder den Unterschied zwischen Westdeutschland und der DDR.

Im Westen gäbe es tatsächlich jede Menge Bananen zu kaufen, meinte er, aber die Menschen, weil arbeitslos, könnten sie nicht kaufen, weil sie kein Geld hätten. Bei uns im Sozialismus hingegen hätten alle Menschen Arbeit und daher auch genügend Geld. Nur mit der Bananenversorgung hapere es noch ein wenig. Im Westen sei eben alles nur bunt und grell, und bei uns in der DDR ginge es normaler zu.

Nachmittags lief ich am Dorfbach entlang nach Hause. Der Dorfbach unterhalb des VEB EGG, des Elektro-Gerätewerks Gornsdorf, war hell- bis dunkellila gefärbt und trug fliederfarbene Schaumkronen, die sehr schön aussahen. Im Ufergras hingen aber noch Reste des Schaumes vom Vortag, der war leuchtend orange gewesen, so dass sich das Lila mit den Orange-Resten vermischte. Nur der Westen sei bunt und grell, hatte Lehrer Kaden gesagt. Von wegen.

Bomm

1963 gab es im Erzgebirge einen strengen Winter. Großmutter ging zum Konsumladen einkaufen, rutschte auf dem Eis vorm Laden aus und brach sich den Oberschenkelhalsknochen.

Meine Mutter und der Großvater vereinbarten, dass er für die Dauer des Krankenhausaufenthaltes der Oma zu uns ziehen sollte. Meine Mutter, die als Krankenschwester arbeitete, machte gerade eine Fortbildung zur »Arzthelferin«, eine Art Hilfsarzt-Ausbildung, weil in der DDR die Ärzte fehlten. Sie wären im Massen nach drüben in den Westen gegangen, hieß es.

Fortan mussten der Großvater und ich den Haushalt gemeinsam führen, damit das Essen bereitstand, wenn die Mutter gegen sieben von Arbeit nach Hause kam.

Das Zusammenleben mit dem Großvater gestaltete sich zeitweise schwierig.

In seiner eigenen Wohnung war er ein Zigarren rauchender Muffelkopf gewesen, der sich, hatte er mal gute Laune, im Wohnzimmer an sein Klavier setzte und klassische Musik spielte. Das konnte er gut. Klavierspielen, Kunst, das war das Festliche, Außergewöhnliche, Erhebende, das Abhebende von der tristen Nichtkunst unseres Alltagslebens. Deshalb immer nur sonntags, immer nur als Erhebung.

Wenn im Radio ein Hörspiel oder im Fernsehen ein Film lief, erklärte er mir, das alles sei Kitsch, es sei ja doch alles nur von Schauspielern gespielt. Er hingegen wollte das Wahrhafte, Wirkliche, das Edle in der Kunst.

Kunst gewinne ihren Wert nur daraus, dass sie edel und wertvoll sei, deshalb dürfe an ihr nichts Dreckiges sein, sagte er.

Aber nun wohnte er bei meiner Mutter und mir und hatte erst einmal kein Klavier mehr. Und ich hörte jeden Freitag die »Schlagerrevue« auf Radio DDR mit Heinz Quermann.

»In deinem Alter hört man doch noch keine Tanzmusik!«, mäkelte der Großvater.

Wenn im Radio mein Lieblingsschlager kam, »Rote Lippen soll man küssen, denn zum Küssen sind sie da«, verzog mein Großvater schmerzverzerrt das Gesicht. »Das ist ja schlimmer als die Beatles«, sagte er dann. Aber was die Beatles sein sollten, wusste ich noch nicht so richtig, 1963, eingeschneit im Erzgebirge. Lange Haare sollten die haben, und bei der DDR-Schallplattenfirma Amiga sollte es auch Platten von denen geben. Ich hatte aber noch keinen Plattenspieler. Später, als ich mir die Haare über die Ohren kämmte und einen Plattenspieler vom Taschengeld gekauft hatte, gab es in der DDR keine Platten von den Beatles mehr, weil ihre Musik »imperialistische Unkultur« sei, wie sie uns dann in der Schule mitteilten. Da traf sich die sozialistische Schule mit den Ansichten meines Großvaters, der ja früher mal bei den Nazis gewesen war.

Mein Großvater hörte lieber Deutschlandfunk. Bei sich zu Hause, aber auch in der Wohnung meiner Mutter. Oft unter Rauschen, Radiosender »von drüben«, auf Mittelwelle.

Wenn Nachrichten kamen und der Sprecher sagte: »Bonn: …!«, wiederholte mein Großvater stets halb ehrfürchtig, halb belustigt: »Bomm!« Bomm. Woche für Woche. Noch viele Jahre lang. Bomm. Aber nach den Deutschlandfunk-Nachrichten ließ mich der Großvater doch noch »meine« Musik hören, siebzehn Jahr, blondes Haar, Udo Jürgens aus dem Westen, das lief später auch im DDR-Radio. Aus anderem Holz waren da schon die »Kinks« auf Deutschlandfunk, »Waterloo sunset«, das war fast wie ein ästhetischer Lebensentwurf für einen wie mich. Der Großvater zog an seiner Zigarre und verzog sich kopfschüttelnd in die Küche: »Völlig verrückt geworden!«

Dann kam die Großmutter Januar 1964 zurück aus dem Krankenhaus, es gab Schokotorte und Käsekuchen mit viel Schlagsahne, dazu echten Bohnenkaffee von drüben, aus einem Westpaket. Aber nach dem Kaffeetrinken setzte sich der Großvater wieder an sein Radiogerät, zündete seine Zigarre an, schaltete das Radio ein und sagte laut zu jeder vollen Stunde: »Bomm!«

Judenarsch

Am Montag nach der Schule gehe ich mit der Pepitamütze, die ich mir vor einigen Tagen in dem neuen großen HO-Laden »Jugendmode« in Karl-Marx-Stadt von meinem Taschengeld gekauft habe, zum Cliquentreffpunkt am Bockwurstimbiss. Dort, gegenüber vom Thalheimer Rathaus, wird der »Beatclub« des Westfernsehens vom letzten Sonnabend ausgewertet. Ich kann den anderen berichten, dass die beiden Chefarztmädchen, Chris und Gretel, die Töchter von Chefarzt Dr. Obervogt, auf Bob Dylan stehen. Die wunderschönen Chefarztmädchen Chris und Gretel, 16 und 18, saßen nämlich mit mir vorm Fernseher in der Wohnung meiner Mutter, weil sie in Dr. Obervogts Wohnung nicht Westfernsehen gucken dürfen. Weil der Chefarzt Dr. Obervogt in der Partei ist. Wenn Chris und Gretel Westfernsehen glotzen wollen, schickt er seine Töchter eben zu uns rüber, in die Wohnung meiner Mutter und meiner Großeltern.

Meine Mutter ist mit meinen Großeltern zusammengezogen, wegen der Wohnungsknappheit.

»Und weil Oma und Opa immer älter werden«, sagt meine Mutter. Wir bewohnen im Landambulatorium Thalheim im dritten Stockwerk eine große Dienstwohnung. Das Landambulatorium ist eine ehemalige Fabrikbesitzer-Villa, die nach dem Krieg mitsamt der dazugehörigen Fabrik enteignet wurde. Die andere Seite des Obergeschosses hat der Chefarzt Dr. Obervogt mit Familie übernommen.

Dass ich mit den wunderschönen Obervogt-Mädchen Westfernsehen gucken kann, beeindruckt die Jungs in der Clique. Mich freut das, denn ich möchte gerne Eindruck machen.

»Bob Dylan kam im Beatclub«, sage ich, »aber mit elektrischer Gitarre und Verstärker und Band.«

»Der hat äähmm ooh gemerkt, wos guud is«, sagt einer aus der Clique.

Die Clique, das sind größere und stärkere Jungs als ich, ich bin mit meinen 14 Jahren ein Hänfling gegen sie. Die Clique ist im Ort bei den Schuljungs gefürchtet und gleichzeitig von den schönsten Mädchen an der Schule stark beachtet, und ich will da auch dazugehören. Ich weiß allerdings nicht, warum die attraktivsten Mädchen in der Schule auf die brutalsten Kerls stehen, vielleicht, weil brutal und roh Angst macht, und Angst macht Liebe oder Bewunderung?

Keine Ahnung, jedenfalls geht mir das durch den Kopf, und auf die Frage, ob die attraktivsten Mädchen wirklich immer auch die klugen Mädchen sind, komme ich nicht.

Die Cliquen-Jungs runzeln die Stirn. Sie finden Bob Dylan gut. Und sie finden die Obervogt-Mädchen gut. Aber leider sind die für sie unerreichbar, denn die beiden Obervogt-Mädchen sind sehr stolz. Sie lassen die Jungs aus der Clique mit ein paar kessen oder schnippischen Worten abblitzen. Einmal lief ich auf dem Nachhauseweg von der Schule hinter Schwarz Dieter und Obervogt Chris. Schwarz Dieter sagte zu Obervogt Chris, er würde sie gern mal treffen, um mit ihr Pilze zu suchen, und Chris antwortete: »Was, noch mehr? Du riechst doch jetzt schon wie ein Pilz.«

Ich berichte der Clique, dass die beiden Obervogt-Mädchen nicht mit Bob Dylan einverstanden waren, weil der nicht mehr mit der Holzklampfe auftritt, dafür aber mit einer Band. Das verfälscht den Protest, zitiere ich die Meinung der beiden Mädchen.

Die Jungs aus der Clique gucken hilflos. Verfälschter Protest? Zwei Jungs suchen die Blicke der Anführer. Denn die Jungs in der Clique sind nicht alle gleichwertig.

Es gibt Häuptlinge, und es gibt das Fußvolk. Und eben die Häuptlinge sind in den Augen der Mädchen im Städtchen offenbar männlich attraktiv.

Das Fußvolk zeigt seine Angst vorm Umgang mit Mädchen deutlich. Was man nicht haben kann, das verleumdet man, heißt das Geschlechterspiel. Das habe ich schon verstanden, oder noch nicht ganz.

»Bei den beeden Obervogt-Mädeln scheint sich's nni um Votzen ze handeln, die schein' in Ordnung ze sein«, deutet schließlich einer aus der Clique meinen Bericht.

Ich bin beeindruckt von dieser Analyse. Wenn die Mädchen nicht zu haben sind, dann kann man sie beschimpfen, oder auch verklären, erhöhen zu unerreichbaren Prinzessinnen, oder eben zu unerreichbaren Kumpelinnen.

Die größeren Jungs aus der Clique machen es sich einfacher, sie flirten oder »gehen« mit den tollsten Mädchen im Ort. Aber auch sie reißen ab und zu dreckige Witze über die Mädchen. Die Anführer, die haben es wahrscheinlich eben einfach drauf.

Bob Dylan am Wochenende im Westfernsehen jedenfalls hatte es auch drauf. Er trug Blue Jeans und war für mich echter Protest, gegen den Vietnamkrieg, für die Hungernden in Bangladesch, gegen die Bomben und für den Frieden. Aber andererseits hatten die Musiker in seiner Band so lange Haare, wie es uns in der Schule nie erlaubt wäre. 1967 in der Thalheimer Polytechnischen Oberschule dürfen wir weder Blue Jeans noch lange Haare tragen, und deshalb ist nicht nur Bob Dylan Protest für mich, sondern auch die Clique, in der sich alle die Haare wild wachsen lassen.

Im Übrigen spaltet sich die Clique in zwei Fraktionen, in Beatles-Fans und Stones-Fans. »Eenmol im Läben musste dich für eens entscheiden«, erklärt mir Horst aus der Clique, weil ich nicht weiß, welche der beiden Beatgruppen mir besser gefällt. Jedenfalls sind beide nicht Protest wie Dylan, oder wie Donovan. Und Protest, der muss sein, damit alles besser wird. Das ist mir klar.

»Scheißkommunisten«, schimpfen die Jungs in der Clique, »wos isn dos für 'ne Befreiung vom Imberialismus, wenn mirr nich mal in Jeans in de Schule dürfen, die der Ongel aus Hamburg geschickt hat, und wenn morr den Ongel nich mol in Hamburg besuchen derfen, is dos Befreiung?«

»Wos lern merr denn von denen?«, fragt mich Bodo aus der Clique. »Sieg übern Foschismus? Klassenkampf mit neien Middeln und unner anern Bedingungen und dos ganse Zeich? Aufbau vom Sozialismus? Und Barbarei unner däm Hitler soll dos gewäsen sein? Is doch blos Geschichtsunterricht von denen, halt von den Kommunisten veranstaltet«, weiß Bodo, der es von seinem Vater von zu Hause weiß. »Wird schoo irgendwas draa nich stimmen, an den ihren Sozialismus.«

Einer anderer aus der Clique fragt mich an der Bockwurstbude gegenüber dem Rathaus, vor dem die rote und die DDR-Fahne sich im Wind blähen: »Sinn' mir einfachen Leite nisch diejenischen, gegen die sich der Klassenkampf von denen richtet?«

Er weist mit dem Kopf auf unsere Schule, die wie eine Burg überm Zentrum der Kleinstadt thront. Wenn von »denen« die Rede ist, sind immer »die da« von der SED gemeint, die »führende Partei«.

»Die verbiedn uns de Jeans und de langen Haare, mir könn' unsere Musik nur von driem, von de Westsender hörn, dos is doch nich' in Ordnung! Und was die uns erzähln von Hitler unn von früher unn so, worum solln mier denn dos gloobn?«

Die Clique johlt. Wir sind dagegen, uns so behandeln zu lassen von den Lehrern. Wir kämpfen. Wenn es sein muss auch mit Hitlergruß, so dass es keiner sehen kann, in der Toilette des Imbiss-Standes an der Bushaltestelle. In der

Schule. Alles ist gut, wenn's gegen die da geht, in der Schule, im Rathaus, die Bonzen, die Kommunisten. Und wer früher mal gegen die gewesen ist wie der Hitler, ist der für uns automatisch auch gut?

Wenn die, die uns hier so schurigeln, kurze Haare, keine Westsender, Strammstehen beim Fahnenappell, wenn die hier im Staat so gegen die Nazis sind, dann kann doch nicht alles an den Nazis so schlecht gewesen sein. Oder?

Das ist die Grundhaltung für den Protest in der Clique.

Und Westdeutschland, der Klassengegner, wie es im Fernsehen und im Staatsbürgerkunde-Unterricht heißt?

»Ze weit weg, ze fremd«, sagt Horst aus der Clique, der bei der FDJ immer die Fahne trägt, »außerdem sinn die ooch nni für Hitler, gloobsch jedenfalls.«

»Warum denn nicht?«, frage ich. Ratloses Schulterzucken, Enttäuschung in den Gesichtern der antikommunistischen Freiheitskämpfer im Erzgebirge, Enttäuschung mit Bockwurst, gegenüber dem Eingang zur SED-Ortsparteileitung im Thalheimer Rathaus.

Wer weiß, was überhaupt stimmt von dem, was wir in der Schule lernen. Aus der Geschichte lernen? Siegreiche Sowjetunion? Oder-Neiße-Friedensgrenze? Völkerfreundschaft? Die Polen klauen doch, was sie klauen können, sagen die Erwachsenen. Und mit denen sollen wir Völkerfreundschaft machen? Mit Polacken, und mit Russen, die im Krieg nach Deutschland kamen und sich wunderten, dass das Wasser aus der Wand floss, weil sie noch nie einen Wasserhahn gesehen hatten, sagen die Erwachsenen. Und die Juden, die Hitler umgebracht hat? Weil die alle so reich waren, so habgierig, sagt mein Opa.

Blöde Juden, Russen, Polacken.

Das sind Schimpfworte. »Eh, du Jude«, sagt mir mein Nachbar Schulze in der Schulbank leise ins Ohr, »kannst du mir mal deinen Spitzer geben?«

»Habe keinen.«

»Dann ehm nich, blöder Jude.«

Mein Banknachbar Schulze schubst das vor ihm sitzende Mädchen Erika an und möchte sich einen Stift borgen. Erika zischelt zurück, dass er von ihr keinen bekommt, weil sie ihm schon zwei gegeben hat, die sie nicht mehr wiedersah.

»So eine Russensau«, flüstert Schulze verwundert und schaut mich an, Solidarität erwartend.

Schulze ist ein netter, ein eher harmloser Typ, eher weich und nicht so hart drauf wie die aus der Clique.

»Judää! Judää!«, schreit mir mein Klassenkamerad Emil in der Pause aus Spaß ins Ohr. Er ist schon zweimal sitzengeblieben, aber das tut seiner Lebensfreude keinen Abbruch. Jude, Russe, Polackensau. Ich höre das täglich in der Schule.

»Jude. Warum denn ich?«

»Weil du so 'ne krumme Nase hast.«

Die Klasse lacht.

»Juden gibt's doch gar nicht mehr«, sagt meine Mutter, »alle umgebracht worden.«

Aber die aus der Clique sagen: »Alle nach Israel abgehauen, vor Hitler ausgerissen. Feige Juden.«

Aber was soll das denn eigentlich sein, Juden? Sehen die aus wie Neger oder wie Chinesen? Haben die Schlitzaugen oder alle lange Nasen, wie ich?

Was unterscheidet denn einen Juden von einem Nichtjuden?

Die Religion? Das Semitische, von dem die Nazis redeten und von dem ich las in Opas Völkerkundebuch von 1937. Was ist denn das Semitische, und was war das so genannte Arische? Und wo kommen solche Begriffe überhaupt her?

Auf meine Anfrage sagt der Staatsbürgerkundelehrer, die Unterscheidung von Semiten und Ariern sei faschistische Ideologie gewesen. Die Faschisten hätten natürlich auch

Juden wegen ihrer Abstammung verfolgt, ganz nebenbei, neben den vielen Millionen Opfern unter Kommunisten und Gewerkschaftlern.

»Aber was ist denn jüdische Abstammung?«

Der Staatsbürgerkundelehrer sagt, da müsse er auch noch mal nachlesen, er glaube, es sei die Religionszugehörigkeit zur mosaischen Religion gemeint.

Mosaisch? Bei uns in der DDR gibt's nur das »Mosaik«, die lustigen Zeichenfiguren, Dig, Dag und Digedag.

»Schubs nicht so, blöder Jude!« Beim Eisessen nach der Schule, wenn einer in der Eisdiele zu sehr gedrängelt hat, kommt das immer wieder. Halb nett, halb verächtlich. Oder: »Schau mal, da läuft dieser Judenarsch aus der 8b, der Roth Heiner.«

Niemand von uns hat je einen lebendigen Juden gesehen oder war sich dessen bewusst, einen zu sehen. Als mein Banknachbar Schulze im Unterricht beim mündlichen Vortrag in Chemie auf mein Heft sprudelt, flüstere ich ihm zu: »Eh, elender Sprudeljude, pass doch auf«, und die Mädchen vor mir in der Bank kichern. Es gibt unter uns Schülern aber eben auch »elende Polacken«. Zweimal wurde ich von größeren Jungs verdroschen, einmal, weil ich »eine verfluchte Russensau« für sie war, das andere Mal war ich ein »dreckiger Polackenarsch«. Die Anlässe sind nichtig, ein weggeworfenes Kekspapier, ein falscher Blick. Es geht darum, den anderen zu zeigen, wer wie viel Kraft und damit Macht hat. Und ich, ich will auch Macht haben, ich will zur Clique gehören.

Und was ist eigentlich mit den Lehrern, die uns den Sozialismus-Imperialismus-Widerspruch jahraus, jahrein zu erklären versuchen? Jedes Westauto, das durch den Ort fährt, wird bestaunt, auch von den Lehrern. Sie stehen wie ihre Schüler um die glänzenden Karossen herum und gaffen wie auf ein Zeichen aus dem Paradies. Ich frage mich und die Lehrer: »Warum können wir im entwickelten Sozialismus nicht auch solche Autos bauen?«

Der Staatsbürgerkundelehrer sagt: »Die Westdeutschen werden von den Amerikanern unterstützt, deswegen können die solche Autos bauen.«

Aber wir, wir werden doch von der siegreichen Sowjetunion unterstützt! Oder etwa nicht? Sind unsere Produktionsmittel nicht genug entwickelt? Aber das hatte Karl Marx doch so vorausgesagt, das mit den Produktionsmitteln? Oder stimmt auch da was nicht?

Und wenn jemand aus der Klasse Westbesuch zu Hause hat, wollen alle, auch die Lehrer, wissen, was denn an Geschenken mitgebracht worden war: Schallplatten, geschmuggelte Bücher, Jeans, Zigaretten, Schokolade. Alles »Made in Germany«.

Aber deutsch, das sind wir ja auch. Und das ist allen klar: Dass es da in dem anderen Deutsch-Land hinter den sieben Bergen, wo nach der Theorie alles schlecht ist, woher aber alles Schöne, Bunte, Wohlhabende kommt, dass es dort Massenelend nicht zu geben scheint, von dem in den Lehrbüchern über den Kapitalismus doch zu lesen ist.

Oder es ist anders, dieses Elend. Für uns so jedenfalls nicht begreifbar. Dafür sind verdammt noch mal unsere Lehrer verantwortlich.

Die reden nur gegen den Westen und vom Sieg über Hitler, als sei der Westen mit Hitler gegen uns verbündet. Und deshalb sind wir insgeheim zur Hälfte doch für den Westen. Aber nicht so richtig.

Die Clique feiert am 20. April lieber heimlich Hitlers Geburtstag in einer Kneipe. Ein tolles Abenteuer. Ich bin eingeladen, aber ich bin erst vierzehn und kann nicht mitfeiern, ich muss abends nach Hause.

So ganz wohl ist mir allerdings in Anbetracht der Feier sowieso nicht. Mein Großvater redet immer noch solches

Zeug wie: »Wir konnten doch nich' anders, sonst hätten doch die andern, England, Frankreich den zweeten Kriesch angefang'.«

Ich bin gegen ihn, er hat sicher unrecht, und er hat auch etwas gegen meine Haare, die ich mir über die Ohren kämme. Ich bin für die Beatles. Aber auch gegen das Lange-Haare-Verbieten an der Schule. Ich bin gegen strenge Ordnungen, egal ob Nazivergangenheit oder sozialistische Zukunft. Ich bin einfach dagegen. Es tut verdammt gut, dieses Dagegensein.

Aber auch die Langhaarigen in der Clique reden oft wie mein Opa, wenn es um die Nazi-Zeit geht. Ich kann mir das nicht richtig zusammenreimen.

Die Hitler-Feier der Clique ist als normales Besäufnis an zusammengeschobenen Tischen in der ESDA-Kulturhauskneipe getarnt. VEB ESDA ist das große Strumpfkombinat im Ort: Erzgebirgische Strumpf- und Damen-Artikel.

Bei der Hitler-Feier geht es hoch her, bekomme ich danach erzählt. Jeder in der Clique brüstet sich, wie viel Schnäpse und Biere er in sich hineingekippt und wie vielen Mädchen er an den Busen oder Po gegriffen hat.

Ich bin neidisch. Aber eines ist schon besser geworden, die schönen Mädchen aus dem Ort, die mit Jungs aus der Clique gehen, die nehmen mich jetzt auch wahr und reden mit mir. Wahrscheinlich muss ich auch anfangen, Bier und Schnaps in mich hineinzukippen, um noch mehr beachtet zu werden.

Gretel, die jüngere, blonde Tochter des Chefarztes von nebenan, geht nun öfters mit mir den Weg zur Schule. Ich bin in sie verliebt. Beziehungsweise ich weiß nicht, ob das Verliebtsein ist, aber es zieht im Magen, wenn ich sie ansehe. Sie ist so schön und schmal und sexy, und ich bin schon 14 und werde 15. Ich schwärme.

Ich fiebere jeden Morgen danach sie abzupassen, um mit

ihr gemeinsam in die Schule gehen zu können. Ich warte zu diesem Zweck immer an meiner Flurtür, bis die Tür drüben beim Chefarzt aufgeht, und trete dann scheinbar zufällig zur gleichen Zeit ins Treppenhaus.

Von Gretels absolut weiblicher Ausstrahlung bin ich wie elektrisiert, wenn sie so neben mir geht und sich mit mir unterhält. Aber als Mädchen bleibt sie leider unerreichbar für mich, und ich komme mir vor wie Plebs. Sie geht nämlich mit Paul. Paul ist große Klasse. Schön wie Adonis. Ach. Und er ist einer der Anführer in der Clique, der einzig kumpelhafte.

Um ihr zu imponieren, will ich irgendetwas Verbotenes, Beeindruckendes sagen, und so beginne ich auf einem unserer gemeinsamen Schulwege über Juden zu reden. Dass sie minderwertiger seien als wir Deutschen und so. Und als mir Gretel heftig widerspricht und sagt, das seien gute oder schlechte, faule oder fleißige Menschen wie wir, nur mit einer anderen Religion, werde ich zornig, weil ich sie nicht beeindrucken kann. Ich werfe ihr ihren Freund Paul vor, ich sage, auch er würde in der Clique schlecht über Juden reden und gut über Nazis.

Gretel schweigt einige Sekunden. Dann meint sie nachdenklich, ich hätte wohl recht, aber die in der Clique würden da alle spinnen, das sei eben nur eine Mode. Alles nur Mode? Und ihr Freund Paul, der sympathische Cliquenmensch, ist auch nur aus Modegründen für Hitler? Alles nur ein Räuber-und-Gendarm-Spiel?

Im Frühling wird im Thalheimer Landambulatorium ein polnisches Zahnarzt-Ehepaar angestellt. Polnische Ärzte sind wegen des Ärztemangels in der DDR hochwillkommen.

Sie haben von der Stadt eine Wohnung erhalten, und ihre beiden Kinder, zwei Mädchen so um die zehn bis zwölf, spielen in den Schulferienzeiten oft während der Sprechstunden der Eltern im Park des Landambulatoriums.

Ein Bach aus den Wiesen und Wäldern hinterm Ortsrand fließt durch den Garten. Und obwohl ich schon vierzehn bin, spiele ich noch gerne im Park, staue mit Grasklumpen das Bächlein und lasse Schiffchen auf dem entstehenden See fahren, ich »matsche«.

Die polnischen Mädchen sind vornehm angezogen, immer in Seidenkleidchen, sozusagen standesgemäß und sehr püppchenhaft. Sie sprechen nie mit mir, wenn ich im Park auf meine Mutter oder den Großvater warte oder spiele. Sie sind richtige Rührmichnichtans, wahrscheinlich wissen sie nichts von den Stones oder den Beatles und schon gar nichts von Bob Dylan.

Das Andämmen des kleinen Baches ist mein frühsommerliches Lieblingsspiel. Eines Nachmittags baue ich aus Gras und Schlamm einen besonders schönen und hohen Damm, und die polnischen Mädchen spielen im Wiesengras Ball. Dann gehe ich ins Haus, um mir von meinen Großeltern Geld für ein Eis zu holen. Aber als ich von der Eisdiele zurückkomme, haben die polnischen Mädchen meinen schönen Damm eingerissen, an dem ich doch so lange gebaut habe!

Die beiden Mädchen spielen jetzt da, wo mein Stausee war, und das ältere der beiden Mädchen kommt auf mich zu und sagt: »Du gehen weg, wir jetzt spillen hirr.«

Sie wollen matschen, wo ich gematscht hatte. Ich versuche zu fragen, warum sie meinen Damm eingerissen haben, aber die Erregung drückt mir die Kehle zu. Plötzlich sagt das größere Mädchen: »Du jetzt weg endlisch, sonst wirr holen meine Vater!«

Ich soll weg aus meinem Garten?

Empört und entrüstet gehe ich auf das ältere Mädchen zu und schubse sie und zische, was ich so oft in der Schule gehört und selber gesagt habe: »Du blöde Polackensau, du Jude, du! Hau du doch lieber ab! Du hast meinen Damm kaputtgemacht, haut doch ab, ihr Polacken, ihr doofen Juden, das ist mein Garten, ich wohne doch hier!«

Die polackischen Judenmädchen hauen jetzt tatsächlich ab, sie rennen ins Haus, ins Landambulatorium, wahrscheinlich petzen, zu ihrem Polen-Vater. Sollen sie doch! Ich habe recht. Es war mein Staudamm.

Am Nachmittag besucht mich mein Klassenkumpel, der Sitzenbleiber Emil, und dem erzähle ich, immer noch wutentbrannt, die Geschichte vom kaputten Damm und den polnischen Juden-Polacken-Kindern. Emil macht ein nachdenkliches Gesicht.

»Verdammte Juden«, knurrt er schließlich verächtlich und spuckt aus. Als wir uns zur Clique an der Bockwurstbude aufmachen, kommen uns im Treppenhaus des Landambulatoriums die polnischen Mädchen in die Quere. »Judää, Judää«, zischt Emil, aus Kumpanei mit mir, aber so laut, dass es die beiden hören müssen, und er zeigt den Mädchen den Finger. Doch die Mädchen reagieren nicht, sie schauen starr an uns vorbei.

Am nächsten Vormittag in der Schule, mitten in der Russisch-Stunde, kommt plötzlich der Erdkundelehrer ins Klassenzimmer und tuschelt vorn am Pult mit der Klassenlehrerin.

»Marsch!«, schreit mich nun die Klassenlehrerin Frau Junghans an. »Im Laufschritt! Zum Direktor!«

Im Direktorenzimmer steht der polnische Arzt mit blassem, eisgrauem Gesicht. Auch der Schuldirektor steht da mit eisgrauem Gesicht. Ich soll mich zu den Darstellungen des polnischen Arztes äußern, ich hätte seine Töchter rassistisch und nazistisch beschimpft. Ich mache einen kläglichen Versuch und überlebe gerade noch die Ankündigung des stellvertretenden Direktors, ich solle wegen des ungeheuerlichen Vorgangs strafversetzt werden an eine andere Schule. Dann beginnt mich der Direktor zu schütteln. Er schreit. Ich heule. Ob es stimme, was Herr Przybaschewski, so der Name des polnischen Arztes, ihm mitgeteilt hätte. Weinend gestehe ich. Die Besitzrechte am Staudamm im Garten kommen nicht zur Sprache.

Dann das Schlimmste: Ich muss dem Arzt die Hand geben und mich entschuldigen. Ich fühle in dem Augenblick, als meine Hand in der des polnischen Arztes liegt, dass ich eine Grenze überschritten habe, die ich nicht hätte überschreiten dürfen. Weil ich doch kein Juden-Polacken-Freund sein will, sondern ein Beatfan.

Da sehe ich, dass der polnische Arzt auch Tränen in den Augen hat. Warum denn das? Ich war doch das Schwein? Was habe ich gemacht, dass der Doktor wegen mir weint?

Draußen vor der Direktoren-Tür wartet die Klassenlehrerin Junghans mit Emil. Der ist auch dran.

Erschüttert schleiche ich in die Klasse zurück. Wie war das? Ein Pole war doch nicht immer auch ein Jude?

Meine Mutter wird von der Schule offiziell über den Vorfall informiert.

Betretenes Schweigen zu Hause. Hausarrest durch die Mutter.

Großmutter, sonst klug gesprächig, sagt nichts. Nur der Großvater kann es sich nicht verkneifen, er meint scheinbar beiläufig: »Ach, ich denke, du bist Jungkommunist?«

Die Judenschimpferei geht durch die Kleinstadtjugendszene. Die Clique ist beeindruckt. Das merke ich an dem aufmerksamen, wohlwollenden Ernst, mit dem mich die älteren Cliquenmitglieder nun auf der Straße grüßen.

Jetzt werde ich geachtet. Weil ich den Mund aufgemacht habe gegen die Polen und Juden.

»Glück auf«, der erzgebirgische Gruß, wird von der Clique nur an diejenigen gerichtet, die man als Gleichgesinnte und vor allem Gleichgestellte ansieht. »Glück auf!« sagen die Cliquenmitglieder jetzt zu mir.

Nach der Schimpferei kann ich Vollmitglied werden in der Clique. Aber etwas ist anders.

Beim Umherstehen mit dem Kofferradio am Bockwurststand oder beim Rundgang in der großen Pause auf dem Schulhof bringt mich nun das Juden-Gerede eher dazu, mich wegzudrehen.

Eines Nachmittags klingelt es an der Wohnungstür. Ich mache auf und erstarre: Es ist der polnische Arzt. Er hat einen Stapel Bücher in den Händen, die er mir gibt. Er sagt gebrochen deutsch: »Hirr, kannst du mal gucken. Musst es bringen wieder inn Bibliothekk.«

Auf dem Sofa schaue ich mir die Bildbände aus der Ortsbibliothek an. Bilder der deutschen Wehrmacht in Polen, erschossene Zivilisten, verbrannte Leiber, Erhängte mit Schildern um den Hals »Ich bin eine Polackensau«. Zitate von Himmler oder Heydrich über »dreckige Tschechen« und »russische Untermenschen«. Bilder von Massenhinrichtungen.

Zwei Wochen vergrabe ich mich mit den Büchern in meinem Zimmer. Die Bilder in den Büchern ähneln denen in den Geschichtsbüchern der Schule. Aber ich sehe die Bilder plötzlich mit anderen Augen. Der polnische Arzt hatte Tränen in den Augen, und ich, ich hatte auch Tränen in den Augen, und ich beginne jetzt, langsam zu begreifen, warum.

Ich versuche, das den Jungs in der Clique begreiflich zu machen.

Aber sie sagen, die Bildbände mit den KZs, das sei doch eben der Trick, auf den ich wieder reingefallen wäre, das sei doch nur das offizielle Zeugs aus der Schule.

Beim nächsten Ersten Mai, bei dem natürlich auch die Schüler am Umzug durch Thalheim teilnehmen müssen, laufen die Cliquenmitglieder in ihren Blauhemden als Gruppe. Natürlich sind sie alle in der FDJ, weil sie in der Schule keine Schwierigkeiten haben wollen. Sie lachen laut und pöbeln und jeder von ihnen hält eine offene Bierflasche in der Hand. Doch einer fehlt, Paul, der Große, der Kumpelhafte. Das sehe ich aus einiger Entfernung. Seine Freundin Gretel hat mir auf dem Schulweg erzählt, sie habe nachgedacht und ihn vor die Wahl gestellt, sie oder die Clique.

Cliquenmitglied Horst, der offizielle FDJ-Fahnenträger der Schule bei diesem Umzug, schiebt sich neben mich.

»Schade«, meint Horst »unn mier dachdn, aus dir wäre nu ä ganzer Kerl gewurrdn, eener gegen die Schweine im Raadhaus.«

»Aber ich werd ja schon eener, een ganzer Kerl«, versuche ich zu scherzen.

Horst verzieht schief den Mund: »Eischendlich schade um dich, aus dir hätt was werdn könn.«

Dann stakst er mit der FDJ-Fahne am Koppel wieder hinüber zur Clique.

Gotzke, Hundeliebe und Schlaftabletten

Die Clique und ich, wir waren auseinander. Die verstanden nicht, dass ich nicht Hitler meinte, wenn ich davon redete, dass es ehrlicher zugehen müsse im Sozialismus. Ich verstand nicht mehr, was das miteinander zu tun haben sollte: der deutsche gescheiterte Nazi-Diktator als Alternative zu den DDR-Zuständen. Allerdings gab es auch noch Punkte, in denen wir uns weiterhin verstanden.

Warum sollten Haare, über die Ohren gekämmt, antisozialistisch sein?

Das leuchtete auch mir nicht ein.

Mein Klassenkamerad Emil, der Sitzenbleiber, und ich, wir hatten spezielle gemeinsame Interessen.

Sie bestanden zum Beispiel in der Einschläferung von Matthias Hackebeil, von dem wir Nachhilfe in Mathe bekamen. Emil drohte abermals wegen Mathe nicht versetzt zu werden, und ich war in pubertären Störungen, ich kippte ab und zu im Unterricht um, hatte Jugendtrübsinn, ich bildete mir ein, zu nichts nutze zu sein, ich fragte mich nach dem Sinn des Lebens und hielt mich für hässlich und grässlich. Die Schule, der Staat, das Weltsystem des Sozialismus, die Mädchen. Mir war nach meinem ideologischen Ausscheiden aus der neonazistischen Freiheitskämpfer-Clique alles einfach zu viel.

Ich musste und ich wollte an meinen Pubertätsproblemen leiden. Clique, Judenschimpferei, erst drohender und dann doch noch abgewendeter Schulrausschmiss, erste Besäufnisse mit Schumann Herb und Roth Heiner aus meiner Klasse waren schuld: In Mathe war ich jedenfalls bei Note vier bis fünf angelangt.

Aber Mathelehrer Geitel hatte die Rettung parat: Matthias Hackebeil, einer der Besten in Mathe in unserer Klasse, wurde von ihm quasi ehrenverpflichtet, mit mir und Emil zu trainieren. Hacke, wie wir ihn nannten, ein Schustersohn, trug eine dicke Hornbrille, seinen Kopf verunstaltete ein kurzer Igelschnitt, und insgesamt war er sehr breit und behäbig und ein wenig umständlich und unbeholfen, außer eben in Mathe. Eigentlich war er ein verdammt kluger, aber irgendwie vertrottelt wirkender Junge.

Die Nachhilfestunden, die er uns gab, fanden bei mir zu Hause statt, und zwar immer mittwochnachmittags. Nun hatten Emil und ich mittwochnachmittags zu allem anderen Lust, nur nicht zu Mathe, auch wenn es ein gut gemeintes Unterfangen war, auf diese Art unsere Leistungen verbessern zu wollen.

An einem schönen Mittwoch im Juni hatten wir besonders wenig Lust zu Mathe. Hacke wollte aber gerade an diesem Tag besonders viel mit uns üben, Pythagoras und Prozentrechnung, dies hatte er tags zuvor unmissverständlich zu verstehen gegeben. Und so kam ich auf die zugegebenermaßen teuflische Idee, Hackebeil, der wie immer kalte Milch als Getränk erbat, zu Beginn der Nachhilfestunde eine Schlaftablette in die Milch zu mixen.

»Schmeckt aber bitter!«, stellte Hackebeil fest und trank die Milch. Bereits nach einer Viertelstunde ermüdete er und verabschiedete sich mit dem tiefsten Bedauern, und wir versprachen, auch ohne ihn weiterzuüben.

Von da an ermüdete Hacke regelmäßig bei unseren nachmittäglichen Verrichtungen. Der Mathelehrer war von Hacke enttäuscht, weil er Desinteresse an meiner und Emils mathematischer Rettung vermutete, und meine Mutter, die die Abnahme ihres Schlaftablettenkontingents stutzig machte, verdächtigte meinen Großvater, Schlaftabletten zu stibitzen, zumal er oft mitten am Tag unverfroren laut und fröhlich schnarchte.

Sie sagte zu ihm: »Ich weiß, dass du aus der Realität flüchten willst, aber dazu brauchst du nicht meine Schlaftabletten.«

Mein Großvater sagte dann trotzig: »Brauch ich auch nicht«, und meine Mutter fragte darauf: »Und warum nimmst du sie dann?«, und Großvater, völlig verständnislos, antwortete: »Aber ich nehme doch nur welche, wenn ich nich' schlafen kann.«

Darauf meine Mutter: »Das ist ja das Problem.«

Bei der nächsten Mathearbeit schrieben Emil und ich verdientermaßen beide »ungenügend«, deswegen bekam Hackebeil vor der Klasse die Ermahnung, noch besser mit uns zu üben, und er versprach, sich vor den Treffen mit uns noch länger auszuschlafen, damit er frisch und den Anforderungen gewachsen sei.

Schließlich beendete Hackebeils Mutter die Übungsstunden durch Intervention bei der Klassenlehrerin. Sie hatte Hacke an einem Mittwochabend gesucht und schlafend auf einer Parkbank gefunden.

Von da an zogen meine Leistungen in Mathe eigentümlicherweise wieder an. Ich hatte gemerkt, dass ich nur faul, Emil aber in mathematischen Dingen blöd war.

Es gab aber auch noch andere Gründe für meine mathematische Besserung: Mein Kumpel Schafbrenner Siggi aus dem benachbarten Gornsdorf kam jetzt regelmäßig zu mir, weil er wie ich in die Tanzstunde im Thalheimer Kulturhaus ging, aber er gab mir auch Nachhilfe in Mathe.

Siggi hatte schon eine Freundin, eine dünne Bohnenstange aus meiner Parallelklasse in Thalheim. Siggi erzählte mir alle Details, und er meinte, ich solle mir auch bald eine Freundin suchen. Außerdem hatten er und ich uns Wandergitarren gekauft und besuchten jeden Samstag gemeinsam für 2,50 Mark eine private Musikunterrichtsstunde. Hinterher schmerzten uns jedes Mal schrecklich die Finger, so dass ich lieber doch wieder Besen spielte, wie vor dem Gitarrenunterricht.

Besenspielen ging so: Ich stellte mein Kofferradio im Schlafzimmer der Großeltern an, kämmte mir vor dem großen Schrankspiegel die Haare über die Ohren und wiegte mich in den Hüften, während meine Hände gekonnt und elegant über den Besen glitten, den ich wie eine überdimensionierte E-Gitarre hielt. Der Saarländische Rundfunk mit Manfred Sechsauer hatte Überreichweite, deshalb konnte ich mich im Erzgebirge vor dem Schlafzimmerschrankspiegel der Großeltern zur Musik der Rolling Stones mit dem Besen in den Hüften wiegen. Das war wieder der Aufruhr, die Freiheit, das war der Widerstand gegen alles Enge und Geduckte! Ja, das war es. Dann schickte mich die Oma zur Konsumfleischerei, nach Rinderleber fragen, es sollte gerade welche im Angebot sein. Aber das Beat-Besenspiel, das war das Gute, die Befriedigung, *the satisfaction*.

Wenn mich die Mädchen aus meiner Klasse nur hätten sehen können, sie hätten mich alle geliebt, das wusste ich! Mit ihnen allen hatte ich übrigens schon in meinem Zimmer, der Bodenkammer, geschlafen. In meinen Phantasien. Hätten sie gewusst, dass ich so gut den Besen spielen konnte, ich wäre bei ihnen der beliebteste Junge im ganzen Ort gewesen. Sie wussten aber nichts von meinen Besenkünsten.

Meine Mutter und meine Großeltern bestanden vielmehr darauf, dass ich die Tanzstunde besuchte. »Die bürgerlichen Tänze muss man doch einfach können«, sagten mein Großvater und meine Mutter. Alle aus meiner Klasse gingen in die Tanzstunde, also ging ich auch, ohne Murren, nachdem ich meinen Kumpel Siggi davon überzeugt hatte mitzumachen.

Als ich das dritte Mal in meinem einzigen guten Anzug, dem Jugendweiheanzug, zur Tanzstunde ins Kulturhaus von Thalheim ging und vor die noch verschlossene Tür trat, wo schon ein paar Mädchen und Jungen aus Thalheim und den Nachbarorten warteten, rief Bärbel, die Tochter unseres Deutschlehrers mit Namen Urhans, jene schrecklichen Worte. Die entzückende, hübsche Bärbel, in die ich neben Gretel auch fast verliebt war, rief, als sie mich kommen sah: »Seht mal, da kommt ja wieder dieser Gotzke!«

Sie hatte nicht »Soße«, meinen Spitznamen, benutzt, sondern ein gemeines, denunziatorisches Wort, und ich fühlte mich innerlich in die Knie gehen. Ich hielt mich sozusagen an meinem Schlips fest, indem ich ihn geraderückte. War ich denn ein Gotzke? Um die Wahrheit zu sagen: Mir kamen fast die Tränen. Ich konnte mir nicht erklären, wieso ich diesem Mädchen vorkam wie ein Gotzke. Da kam Bärbel heran und meinte: »Na, so hab ich es nicht gemeint, so schlimm bist du ja nicht. Nur, du siehst in deinem Anzug so albern herausgeputzt aus.«

Am nächsten Tag in der Schule hielt mich Bärbel am Ärmel fest: »Eigentlich bist du ja ganz nett. Ich wollte nur gemein sein. Du bist eben so ein Vögelchen.«

Vögelchen hatte sie jetzt gesagt, Vögelchen! Aber ich wollte doch eher der tolle Typ sein, der Revolutionär mit den langen Haaren, der Lebenskünstler mit dem irren Blick, der Rebell mit dem starken Atem oder wenigstens der Schwächling, in dem ungeahnte Kräfte schlummerten. Ich war völlig deprimiert.

In der nächsten Tanzstunde spielte wie üblich ein Plattenspieler auf der Bühne, und die Jungen und Mädchen saßen zu beiden Seiten des Saalbaus auf Bänken und warteten darauf, dass das Tanzstundenlehrerehepaar das Kommando erteilte. Auf »Los!« mussten die Jungen hinüber zu den Mädchen eilen und sie zum Tanz auffordern. Ich erwischte nur jedes dritte Mal ein Mädchen. Schließlich wurde es Zeit, dass die Jungen für den großen Tanzstundenabschlussball Partnerinnen fanden. Jeder Junge musste einem Mädchen einen Antrag machen, den das betreffende Mädchen dann annahm oder ablehnte. Ich war auf die Tochter des Blumenhändlers Keller scharf. Kirsten Keller hatte mir während der gesamten bisherigen Tanzstundenzeit große Augen gemacht. Kirsten Keller war blond und hatte Engelshaare. Kirsten Keller war wunderbar klein und zierlich. Kirsten Keller war auf meine schüchterne Anfrage hin sofort einverstanden, sich mit mir zusammen als meine Partnerin auf den großen Tanzstundenabschlussball vorzubereiten. Kirsten Keller und ich, wir ließen uns eintragen in die wichtige Liste der feststehenden Tanzpaare. Ich fragte sie auch, ob wir uns nicht mal einfach so treffen könnten, etwa zum Spazierengehen.

»Ich gehe nicht gerne spazieren«, sagte Kirsten Keller.

Da verließen mich die Argumente und ich musste wieder eine Woche warten. Allerdings äugte ich ihr beim Rundendrehen in den großen Pausen auf dem Schulhof immer zu. In der Schule mussten wir in den großen Pausen als Schüler immer auf dem Schulhof im Kreis gehen, wie im Zirkus. Man ging in schlenderndem Schritt, alle Augenblicke staute es sich, das alles sollte kollektive Erholung darstellen. Ich äugte also nach Kirsten Keller, wo ging sie im Karussell? Sie äugte zurück, und ich fragte sie im Treppenhaus, ob wir vielleicht mal gemeinsam eine Runde mit dem Fahrrad drehen wollten.

»Komm doch morgen Nachmittag zu mir, da sind meine Eltern weg«, erklärte Kirsten Keller unmissverständlich, und ich begann sofort zu zittern, weil ich ahnte, was anstand. Die Liebe!

Sie wohnte nur einige Straßen von mir entfernt. Dann war es so weit, ich klingelte bei ihr, und da stand sie auch schon unten in der Haustür vor mir. Wie schön sie aussah! Blond und zierlich, lange Haare, und die Lippen geschminkt!

Sie sagte: »Du kannst nicht mit hereinkommen, meine Eltern sind gleich zurück!«

Irgendwie begriff ich nicht, oder ich wollte den Mann von Welt mimen, oder hatte ich mich verhört? Sollte ich nicht mit zu ihr in die Wohnung kommen? Ich wollte doch unbedingt mit ihr die Treppen hoch in die Wohnung, in ihre Arme, in ihre Wärme, von mir aus in ihr Bett. Was war denn los? Ich fühlte mich getäuscht.

»Hör mal«, sagte sie schließlich, »wir bleiben jetzt ein wenig hier unten stehen, einverstanden?«

Ich war einverstanden, was blieb mir auch anderes übrig. So standen wir eben ein Weilchen. Bis sie sagte: »Na, und?«

»Was denn?«, fragte ich unsicher und blickte auf ihren roten Mund, der ganz warm war, so nahe war er an meinen herangekommen.

»Na, komm mal her«, sagte sie und zog meinen Kopf zu sich heran. Sie presste ihren Mund auf meinen und ich den meinen auf ihren. Aha, sagte ich mir, so geht das also, das Küssen. Aber wenige Sekunden später tat mir davon bereits der Kopf weh, so derb presste ich meinen Mund gegen den ihren.

Ich hielt meinen Mund trotzdem fest geschlossen und rutschte damit wie wild auf ihren Lippen hin und her, verbunden mit diesem ungeheuren schmerzenden Druck, den die Pressung verursachte.

Da versuchte sie, die Zunge aus dem Mund zu stecken, um etwas zu sagen, aber ich hauchte nur »Jetzt nicht!« und drückte wieder zu, weil ich dachte, dass Kirsten Keller wieder reden wollte. Schließlich riss sich Kirsten Keller los und rief: »Lass das doch!«

»Was denn?«, fragte ich erneut. Da ich nicht verstand, nahm ich ihren Kopf in beide Hände und presste knochenhart meine geschlossenen Lippen auf ihren schönen roten Mund. Da versetzte sie mir eine Ohrfeige und schlug die Haustür vor meiner Nase zu. Launen der Weiber? Unglücklich und zornig ging ich weg. Ich litt drei Tage, aber es war ein süßes, erwartungsvolles Leiden, selbst der Kartoffelbrei der Großmutter schmeckte mir nicht mehr, obwohl er gut versalzen war und damit äußerst wohlschmeckend. Ich nahm auch keine Suppe mehr an, keinen Streuselkuchen, keinen Quarkkuchen, ich litt mein erstes Liebesleid.

Kirsten Keller ging mir nahe.

Nach einigen Tagen stellte ich mich im strömenden Regen vor ihr Wohnhaus und pfiff meinen Fingerpfiff, den ich in der Zwischenzeit trainiert hatte, um endlich jenen männlichen Pfiff zu beherrschen, der die Mädchen antörnte, wie mir mein erfahrener Kumpel Siggi erzählt hatte.

Es kam dabei ganz auf die lässige Fingerhaltung an, hatte ich herausgefunden, und es klappte auch vor dem Haus Kirsten Kellers, aber hinter den Gardinen tat sich gar nichts.

Im Erdgeschoss öffnete eine alte Frau das Fenster und schrie, ich solle mich wegscheren und nicht länger stören.

In der nächsten Tanzstunde suchte ich Kirstens Nähe. Wir waren doch so tanz- und kussintim miteinander gewesen. Aber sie ließ mich gnadenlos abblitzen. Ich litt wieder, diesmal abgrundtief und ohne süßes Rumoren der Hoffnung, ein graues Vor-sich-hin-Leiden war es, ich ahnte, nein, ich wusste, wollte es aber eigentlich nicht wissen: Meine Tanzstundenpartnerin hatte mich wegen der Kopfpressung verlassen. Und es waren nur noch vierzehn Tage bis zum Tanzstundenabschlussball.

Tückische Gerüchte kursierten in der Tanzstunde, sie würde jetzt mit einem Kerl aus der Kreisstadt Stollberg gehen. Kirsten Keller, hatte ich sie für immer verloren?

Ergriffen vom eigenen Schmerz fragte ich nach der nächsten Gitarrenstunde meinen Freund Siggi, wie es mit dem Küssen sei und was ich denn noch anzustellen hätte, außer meinen Mund auf den der Partnerin zu pressen.

»Du musst mit der Zungenspitze langsam ihre Lippen öffnen und ihr den Mund auslecken«, erklärte Siggi Schafbrenner.

»Wirklich?«

Ich staunte, und mit einem Mal wurde mir klar, dass Kirsten Keller gar nichts hatte sagen wollen, als sie ihre Zunge gegen die Festung meiner pressenden Lippen anschob, aber ich, ich hatte ihr die Zunge wieder in den Mund zurückgedrückt und gesagt: »Jetzt nicht!«

Meine junge Liebe, meine erste schöne Liebe, sie war pfutsch, verloren durch falsche Kusstechnik und eigene Blödheit! Ich verzweifelte am Wiesenhang über Thalheim und rauchte Casino-Zigaretten. Die waren billig und stark. Was sollte nur werden aus mir und meinem Leid? Ebenfalls nichts. Und was sollte aus dem Tanzstundenabschlussball werden?

Noch einmal verzweifelte ich am Wiesenhang über Thalheim. Dann ging ich wieder hinunter in den Ort, weil ich mit zwei Jungs aus meiner Klasse verabredet war, Roth Heiner und Schumann Herb. Sie kamen jetzt öfter, sie waren scharf auf mein Klampfen auf der Wandergitarre, die ich für 42,55 Mark im HO-Kaufhaus erworben hatte. Dieses Instrument hatte seinen ganz eigenen spärlichen Klangreiz, aber das Schärfste war, dass das rötliche Holz durch eine weiße Plastikauflage veredelt war, die dem Gerät den Touch einer richtigen Beat-Guitar verlieh.

Ich sprang mit meiner Gitarre vor Roth Heiner und Schumann Herbert auf und ab. Ja, a-Moll und C-Dur, und F-Dur und wieder und wieder a-Moll, der traurigste aller glatten Akkorde! Ha, Kirsten Keller sollte staunen!

Schumann Herb und Roth Heiner, der Angst vor Hunden hatte, auch vor unserem kleinen Pudel Alf, den meine Mutter vor zwei Jahren gekauft hatte, lauschten meinem Gitarrenspiel.

Ich spielte »Sag mir, wo die Blumen sind«, das ich neu eingeübt hatte.

Der einzige Anwesende, der absolut nicht zuhörte, war mein Pudel Alf. Alf kam aus der Küche ins Zimmer, sah Roth

Heiner auf dem tiefen Sofa am Couchtisch sitzen und erblickte dessen schönes Unterbein, verborgen in einer hässlichen Hose. Bei der Strophe »Sag mir, wo die Männer sind« erstarrte Roth Heiner. Ihn irritierte der Pudel, der ihm nun seine Vorderpfoten um das Knie schlang und mit dem Unterleib rhythmische Bewegungen an der Wade zu vollführen begann.

Ich sah die Zeichen der Lust, wollte aber mein Lied nicht unterbrechen und versuchte, mit dem Kopf Zeichen zu geben, das er den Hund abschütteln solle.

Aber Roth Heiner und Schumann Herb wollten mir und meinem Spiel gegenüber nicht unhöflich sein – Ehre, wem Ehre gebührt – und ließen den Pudel sich am Schienbein von Roth Heiner vergehen, denn sie wussten nicht, was sie tun sollten. Vielleicht wussten sie auch nicht, was der Hund tat, oder doch?

Der Pudel Alf wichste an Roth Heiners Knie, man kann es nicht anders sagen. Als ich wieder bei »Sag mir, wo die Blumen sind« angelangt war, war Roth Heiners Hosenbein nass.

Und wie glücklich er war, der Hund! Wie befriedigt er sich von Roth Heiners Schienbein löste! Ich war unangenehm berührt.

Dass mir mein Hund sexuelle Leidenschaft vorleben musste!

Einmal hatte mein Pudel den Briefträger angewichst, der nicht schnell genug kapierte, um was es dem Hund ging. Von dem Briefträger wurde in Thalheim erzählt, er sei ein Spitzel der Staatssicherheit, und jeder hütete daher sein Mundwerk vor ihm. Aber dem Pudel war es sehr schnell gekommen, so dass der Briefträger, während er einen Einschreibebrief abzeichnen ließ, von dem Hund beglückt wurde. Fraglich, ob er es seinem Führungsoffizier gemeldet hat.

Ich war fünfzehn

Optisch war es sehr beeindruckend: In der Nacht vom 20. auf den 21. August, so ab 23 Uhr wurde der Himmel über dem Erzgebirge hell wie beim Silvesterfeuerwerk. Von meiner Dachbodenkammer aus konnte ich sie gegen den hellen Sommernachtshimmel gut sehen. Die schweren Transporthubschrauber, riesige dickbauchige Propellermaschinen und darüber die Jagdflugzeuge, dutzende, hunderte. Der ganze Himmel war bis ins Morgengrauen hinein voll davon. Sie flogen Richtung Erzgebirgskamm, über die tschechische Grenze.

Am Morgen hämmerte meine Mutter mit den Fäusten gegen die Tür meiner Kammer: »Wach auf, wach auf, der Krieg geht los!«

Ich schaltete mein Kofferradio Stern III ein und hörte von Radio DDR: »... sind die verbündeten Staaten des Warschauer Vertrages ihren bedrohten Klassengenossen in der ČSSR zu Hilfe geeilt.«

Es war in den Sommerferien, und ich war gerade FDJ-Mitglied geworden, schon allein aus Opposition. Mein Opa war zwar ein gutherziger, aber auch ein pedantischer Mensch, und da meine Mutter und ich mit den Großeltern zusammenwohnten, stießen der Großvater und ich immer mehr wie zwei Hammel aufeinander.

Er verteidigte sich immer, wegen Hitler und dem Krieg.

Nach meinen Erfahrungen mit der Thalheimer Clique brachte mich der Großvater damit in Rage, so dass ich aus Protest gegen den Großvater in die FDJ eintrat. Und auch weil das, was wir von Marx in der Schule lernten, Ausbeutung des Menschen durch den Menschen, Privatbesitz an Produktionsmitteln, der abgeschafft werden müsse, mir als gerechte Ideen einleuchteten.

Nur das mit dem Strammstehen auf dem Schulhof jeden Montag zum Appell und das Schreien der Lehrer, die schrien wie Offiziere aus Filmen über die Kaiserzeit oder bei Hitler, das fand ich spießig, und dass die Lehrer bei bestimmten Fragen, die verrieten, das der Frager Westfernsehen geguckt hatte, antworteten, das seien falsche Fragen und woher man denn das hätte und dass wir die Haare nicht über die Ohren kämmen dürften, weil das westliche Dekadenz sei, das fand ich nicht gerecht und auch nicht sozialistisch. Im Übrigen wusste ich auch gar nicht, was das denn sein sollte, Dekadenz, Deka-tänz?

Im Frühjahr 1968 schlief ich in meiner Dachkammer und suchte im Radio immer nach guter Musik, möglichst von ausländischen Sendern, Westsendern, weil die DDR-Sender seit geraumer Zeit gute Beatmusik nicht mehr spielten.

Besonders sonntags am Vormittag, wenn ich ausschlafen konnte, suchte ich, noch im Bett liegend, auf meinem Kofferradio Stern 111 nach guten Klängen. Und fand sie schließlich auch, halb verschlafen am Einstellknopf drehend, an einem Sonntag im April, auf Mittelwelle, aber in ziemlich guter Empfangsqualität. Nach »Dandy« von den Kinks hörte ich eine deutsche Moderatorenstimme, aber mit tschechischem Akzent: »Hier ist Radio Praha mit dem deutschsprachigen Vormittagsprogramm. Nach den Nachrichten hören Sie unter dem Titel ›Neue ökonomische Reform‹ eine Sendung über die Tätigkeit der ersten gewählten Arbeiterräte in den Kombinaten der ČSSR.«

Dann die Nachrichten, unter anderem mit der Meldung: Wie geht die Kommunistische Partei mit dem Unmut verschiedener Bevölkerungsgruppen über die bisherige Politik der Partei um? Dann die Sendung über Arbeiterräte und sozialistische Demokratie.

Was war denn das?

Ich war plötzlich hellwach. Sozialistische Demokratie hätten wir auch in der DDR, das sagte zumindest der Staatsbürgerkundelehrer. Die Partei der Arbeiterklasse führt, die anderen, die Blockparteien, folgen, und Fehlerdiskussionen dienen nur dem Gegner im Westen. Aber nun hörte ich Radio Prag und fand gerade die Fehlerdiskussionen aufregend und ehrlich. Bis zum Sommer hörte ich nun immer am Sonntagvormittag von 9 bis 12 Uhr die deutschsprachigen Sendungen von Radio Prag. Tschechisches Radio 1968: Der Staatssicherheitsminister wurde im Parlament gefragt, woher er die Gelder für zwei Privat-Pkw westlicher Produktion bezogen hätte. In den Betrieben wurden Aspekte der Arbeiterselbstverwaltung diskutiert, eine Stundensendung erörterte Fehlentwicklungen in der Parteipolitik. Ich hörte eine Diskussionsrunde über die Komintern, Trotzki und Stalin, und die Diskussion der Frage, ob und wie sich der Sozialismus in der ČSSR weiterentwickeln solle, wurde für mich zur Ahnung dessen, was in dem Wort »Sozialismus« noch stecken konnte. Jenseits dessen, was wir als DDR-Sozialismus hatten, wo zu den meisten Fragen, die ich hatte, geschwiegen wurde, geschwiegen, geschwiegen.

Dieselbe Parteibürokratie, die mir vorschrieb, ich sollte Stolz darüber empfinden, in der DDR geboren zu sein, dieselbe Bürokratie sagte im Nachbarland: Wir haben uns in vielem geirrt, lasst es uns jetzt gemeinsam besser machen. Das war unerhört, das war frech. Und ich wollte auch frech sein dürfen. Ich war fünfzehn.

Aber das alles war vorbei an jenem Morgen des 21. August 1968, mein Stern-Kofferradio, so wild ich auch am Knopf drehte, gab auf der Frequenz von Radio Prag nur Quietschen und Rauschen und sowjetischen Sprechfunkverkehr wieder. Hier spricht Prag, hier spricht Prag. Aus war's damit.

Aber dann doch noch: Ganz schwach zwischen Pfeifen und Knattern tschechische Wortfetzen, aufgeregt.

Dann unten auf der Straße: Verwirrung im erzgebirgischen Städtchen, die Arbeiter, die sonst mit den Frühzügen auf Schicht nach Karl-Marx-Stadt fahren mussten, konnten wieder nach Hause gehen, die Bahnlinie war für den zivilen Verkehr gesperrt. Das hatte ihnen Köhler Gottlieb, der gutmütige Volkspolizist, auf dem Bahnhof gesagt. Die Stasi hätte ihn angerufen und Bescheid gegeben, erklärte er. Gegen Mittag rollten sie an: Züge mit DDR-Soldaten in voller Kampfausrüstung, Munitionstasche, Maschinenpistolen, Marschgepäck, Waggons mit Kanonen, mit Munition. Die Züge ratterten noch, als ich spät in der Nacht des 21. einschlief.

Ab nachts um vier bebte die Erde im Städtchen. Durch den Ort jagten, auf der Hauptstraße, die hoch ins Erzgebirge zur Grenze führte, sowjetische Panzer, mit hoher Geschwindigkeit, stundenlang. Wir standen alle am Straßenrand, die meisten im Schlafanzug oder im Morgenmantel, es war ein warmer Sommer. Einmal warf jemand ein Ei an einen der Panzer, aber die Flüssigkeit verschwand sofort in der dicken Staubschicht, die über dem Stahl lag.

Das, was vierzig Kilometer entfernt von Thalheim hinter der tschechischen Grenze passierte, das ging uns an, das war unsere Sache, das spürte jeder, der mit Hauspantoffeln am Straßenrand stand.

Wut hatten in Thalheim alle, den Mund aufzumachen getrauten sich die wenigsten. Aber ab 22. August 1968 protestierten wir Jugendlichen auf der Straße, und zwar auf unsere Weise: Mit den Kofferradios durch die Gassen, vor jeder Schaufensterscheibe die Haare über die Ohren kämmend aus Protest und laut Westsender mit Informationen über den Einmarsch aus dem Radio hörend. Gerüchte kursierten. Der SED-Ortsvorsitzende, der Bürgermeister und der Volkspolizeichef hätten sich abgesetzt in die Bezirkshauptstadt, aus Angst vor dem Zorn der Leute.

Aber irgendwann, nach Tagen, merkten wir es, sie waren da, noch oder immer noch oder wieder.

Nur in den Wäldern gab es plötzlich mehr Sowjetsoldaten als Pilze, und wir krochen durchs Unterholz zu ihnen und rauchten Machorka. Die sowjetische Rote Armee hatte entlang der tschechischen Grenze hunderte Nachrücklager in den erzgebirgischen Wäldern eingerichtet. Wir tauschten Schnaps, den wir ihnen brachten, gegen Orden und Patronenhülsen. Es war spannend, ein Indianerspiel für Halbwüchsige. Es waren nette, kahl geschorene Kerle, die Rotarmisten, sogar die Offiziere. Aber wenn wir mit ihnen diskutieren wollten, jagten sie uns weg.

Eine Frau, die angeblich mit einem sowjetischen Offizier geschlafen hatte, wurde von Unbekannten grün und blau geschlagen, und man schor ihr den Kopf kahl.

Nachdem die Schule wieder begonnen hatte, wollte keiner von uns mehr Russisch im Russischunterricht sprechen, zumindest in den ersten vierzehn Tagen nicht. Hilfloser Protest, bis dann die Streber begannen, wieder mitzuarbeiten.

Debattierte man in der Schule darüber, was nebenan in der ČSSR vor sich ging, lief man Gefahr, strafversetzt zu werden.

Ein 18-jähriger Junge aus unserem Ort, Raimund, hatte nachts mit Eisenfarbe den Namen »Dubček« an eine Wand geschrieben, nur das eine Wort, nicht etwa »Hoch lebe« oder »Kampf dem …«, nichts, nur den Namen. Er wurde beobachtet, denunziert und saß zwei Jahre im Bautzener Zuchthaus. Für ein Wort. Und wie Raimund behandelt wurde von den Leuten, als er wieder aus dem Gefängnis heraus war. Die Thalheimer Bürger schlugen einen Bogen um den »Zuchthäusler«, wie es im Ort nun hieß.

»Strafe muss sein« war jetzt selbst von jenen zu hören, die gegen den Einmarsch in die ČSSR gewesen waren.

Was machte er auch solche Dummheiten, sich erwischen zu lassen.

Das war die Zeit nach 1968, als es auch im Westfernsehen allmählich still um das Thema geworden war.

Im Westfernsehen gab es dafür zunehmend mehr Berichte über die Studentenbewegung in Westdeutschland und Frankreich. Die Demonstranten trugen Fahnen mit Abbildungen von Che Guevara, alles schien wildromantisch, Che, Kuba, Bolivien. Weit weg für uns, zu weit weg. Die Revolutionäre nebenan, in der ČSSR, die hatten leider nicht den Ruch der Wildromantik gehabt. Aber was die bieder-grauen und dickleibigen Parteifunktionäre der KPC um Dubček in Prag in Gang gesetzt hatten, war nicht mehr aus meinem Kopf herauszukriegen.

Armeen waren in Marsch gesetzt worden, nur weil tschechische Arbeiter mitentscheiden wollten, was in ihren volkseigenen Betrieben geschieht.

Dreieinhalb Jahre nach 1968 fuhr ich mit meinem ersten Motorrad, einer »MZ 125«, über den Kamm des Erzgebirges hinunter nach Karlovy Vary. In Joachimsthal, einem kleinen tschechischen Ort an der Strecke, fand ich beim Pausieren an einer Hauswand die Spuren der getilgten Worte »Viva Dubček« und »Viva KPC«. Da schlug mir das Herz bis zum Hals, und ich kam mir vor wie ein Forscher auf den Spuren einer tragisch geendeten Revolution, mitten im Grau der real-sozialistischen Welt, und mir ging durch den Kopf: Das ist noch nicht zu Ende.

Die Wahl

Der Wahlsonntag war herangekommen, ein Sonntag im Mai, eine DDR-Kommunalwahl stand an, und ich war weg aus Leipzig, war im Erzgebirge, in meiner Heimatstadt Thalheim, laut Ausweis mein Hauptwohnsitz.

Erst drei Tage vor der Wahl hatte ich begriffen, dass ich in Leipzig, wo ich als Student mit einem Nebenwohnsitz gemeldet war, gar nicht wählen konnte. Die offizielle Wahlbenachrichtigung aus Thalheim war mit der Post meiner Mutter angekommen. Es war nicht mehr möglich, in dieser kurzen Frist bis zur Wahl noch etwas über die aufgestellten Kommunalkandidaten in Thalheim zu erfahren. Deshalb trug ich mich mit der Absicht, mich der Stimme zu enthalten. Eines stand fest: Zur Wahl gehen musste ich auf jeden Fall, das war Staatsbürgerpflicht.

Am Wahlvormittag machte ich mich im Erzgebirge mit meiner Mutter auf den Weg zum Wahllokal. Meine Mutter, die dem Wahlvorgang völlig desinteressiert gegenüberstand, wollte einfach ihren »Zettel« abgeben und ihre Ruhe haben, wie sie bekundete. Das Wahllokal war mäßig vom DDR-Wahlvolk besucht. An der hinteren Wand stand eine lange Tischreihe, mit rotem Tuch bedeckt. Hinter ihr saßen die Wahlhelfer. Sie hatten die Aufgabe, die Wähler bei den Formalitäten der Wahl anzuweisen. Dem am weitesten rechts sitzenden Wahlhelfer musste ich meine rote Wahlbenachrichtigungskarte und meinen Personalausweis vorlegen. Nachdem sich der Mann von meiner Identität überzeugt hatte, durfte ich zwei Schritte weiter nach links vor den nächsten Helfer treten. Der schaute sich nochmals Karte und Ausweis an, behielt die Karte, drückte mir die Stimmzettel in die Hand und sagte: »So, bitte nicht herumträumen.«

Ich war unsicher, weil ich nicht wusste, wie ich mein Vorhaben beginnen sollte.

»Entschuldigung, ich möchte mich der Stimme enthalten, was soll ich denn dann mit den Wahlzetteln machen?«, begann ich.

Wahlhelfer Nr. 2, vor dem ich stand, legte seine Papiere weg.

»Wie bitte? Ich verstehe wohl nicht richtig?«

Er blickte mich eher erstaunt an, und ich wusste wieder nicht, was ich sagen sollte. Peinliches Schweigen.

»Nun ja, der Stimme enthalten«, wagte ich mich wieder vor.

Wahlhelfer Nr. 3, zu dem ich nun eigentlich hätte treten müssen, versuchte mit munter-aufheiternder Stimme zu überbrücken: »Also, Sie müssen die Zettel jetzt zusammenfalten und hier in die Wahlurne stecken!« Er wies mit seinem Finger auf den Kasten vor ihm.

Ich sagte: »Nein, ich möchte mich doch der Stimme enthalten, ich habe die Kandidaten nicht kennen lernen können, ich komme eben erst aus Leipzig und weiß nichts über die, die hier auf den Zetteln stehen.«

Im Hintergrund lachte jemand. Zwei Kinder plärrten. So blieb es einige Sekunden, dann schob Wahlhelfer Nr. 2 energisch seinen Stuhl zurück und stand auf: »Was will denn der! Der stört den Ablauf, das soll doch alles zügig gehen hier!«

Und zu mir gewandt: »Sie bringen uns ja hier alles durcheinander! So geht's doch nicht!«

Daraufhin ich: »Na, und wie soll es gehen?«

Der aufgesprungene Wahlhelfer sah mich an. »Was soll gehen?«

»Na, das mit der Stimmenthaltung«, sagte ich.

Einer der sitzenden Wahlhelfer zischelte: »Studiert der nicht in Leipzig?«

»Ja, ich glaub, der studiert«, antwortete Wahlhelfer Nr. 2 und setzte sich wieder hin. Nun fuhr Wahlhelfer Nr. 3 von seinem Stuhl hoch und rief in den Raum: »Studiert, will aber hier stänkern!«

Ich, defensiv: »Aber ich will mich doch nur der Stimme enthalten und wissen, wie zu verfahren ist mit diesen Zetteln hier. Zerreißen oder zurückgeben?«

Nun war Wahlhelfer Nr. 1 wieder an der Reihe. Er war jetzt ebenfalls aufgestanden und sagte mit beschwörender Stimme: »Überlegen Sie doch, was Sie tun, was wollen Sie sich denn damit beweisen!«

Meine Mutter, die die ganze Zeit neben mir gestanden hatte, forderte er auf, einzuschreiten und mich zur Vernunft zu bringen: »Er weiß nicht, was er tut. Sie sehen doch, hier staut sich alles!«

Er wies mit einer hilflosen Gebärde auf die hinter uns wartenden Wähler.

Meine Mutter sagte ratlos: »Aber der Junge ist doch volljährig!«

Wahlhelfer Nr. 1 jetzt zu mir: »Können Sie uns vielleicht begründen, warum Sie sich der Stimme enthalten wollen?« Und mit gesteigerter Kraft: »So was darf ja wohl nicht wahr sein. Und das bei uns, wo für die Jugend alles, aber auch wirklich alles getan wird!«

»Was hat das denn damit zu tun?«, antwortete ich, jetzt ebenfalls lauter werdend. »Ich kann doch niemand wählen, von dem ich überhaupt nichts weiß.«

Laut erklärte ich den anwesenden Wählern, warum ich beabsichtigte, mich der Stimme zu enthalten. Dabei kam ich auch in Wut und endete mit dem Satz: »Und jetzt sagen Sie mir endlich, wie es jetzt in diesem Laden hier weitergeht!«

»Laden hat er gesagt!« Dem cholerischen Wahlhelfer Nr. 1 schwoll eine Zornesader auf der Stirn, er verfärbte sich rot und rief in den Raum: »Auf unsere Kosten studieren und sich dann auch noch der Stimme enthalten! Das werden wir mal der Schule schreiben, wie dieser Bürger sich hier gegen seinen Staat stellt!«

Wahlhelfer Nr. 2 packte mich halb bittend, halb fordernd am Ärmel und versuchte, mich in Richtung Urne zu schieben. Offensichtlich wurde ihm die Angelegenheit unheimlich. »Kommen Sie, machen Sie doch keinen Quatsch, stecken Sie die Zettel hier rein, und damit hat sich's. Dann wollen wir das alles auch schnell vergessen.«

Ich schnaufte und riss seine Finger von meinem Ärmel: »Ich will hier aber nichts schnell vergessen. Ich will mich der Stimme enthalten.«

Nun baute sich Wahlhelfer Nr. 1 wieder vor mir auf: »Bitte sehr, wenn Sie sich so offen gegen den Sozialismus stellen wollen, haben Sie die Möglichkeit, mit ›nein‹ zu stimmen!«

»Ich will mich gar nicht gegen den Sozialismus stellen«, rief ich, »ich kenne nur die Kandidaten nicht!«

Da riss mir Wahlhelfer Nr. 3 plötzlich die Stimmzettel wieder aus der Hand. »Na, dann geben Sie die Zettel eben wieder her, wenn Sie selber nicht wissen, was Sie eigentlich wollen. Denken Sie vielleicht, wir braten hier jedem eine Extrawurst! Hier nicht! Bei uns nicht!«

Diese Worte erreichten mich nur noch aus der Ferne, als ich die Tür des Wahllokals hinter mir zuwarf.

Am Nachmittag beim Kaffee zu Hause wurde die turbulente Szene des Vormittags ausgewertet. Es klingelte. Meine Mutter ging öffnen und kehrte mit zwei Herren in grauen Anzügen und Parteiabzeichen der SED zurück. »Die beeden Herren wollen zu dir.«

Der eine trug unterm Arm die Wahlurne. Sie schleppten sie mir hinterher.

»Wir sind gekommen, um mit Ihnen noch einmal in aller Ruhe zu sprechen, jetzt wo sich die Gemüter vielleicht wieder beruhigt haben«, warb der Genosse mit der Urne.

»Wir zwei sind von der Ortsparteileitung der SED und

haben uns des Zwischenfalls angenommen. Kennen Sie denn die Kandidaten wirklich nicht oder ist das nur ein Vorwand, das können Sie doch sagen. Wir sollten überhaupt offener zueinander sein!«

Meine Mutter bot den beiden eine Sitzgelegenheit an: »Ich könnt' Ihnen ä Stückel Quarkkuchen anbieten, und wenn Sie den nicht mögen, dann haben wir ooch noch Erdbeertorte.«

»Oh ja, Erdbeertorte«, sagte der Genosse ohne Urne, der offensichtlich gerne aß.

Der Genosse mit Urne flüsterte: »Lass das doch, mier sind doch nicht zum Essen hier, wir hamm een Ufftrag.«

»Und vielleicht ooch ä Tässel Bohnenkaffee für die Herren?«, fragte meine Mutter aus der Küche. Der Essfreund bestätigte laut, während der andere Genosse die Augen verdrehte. Er setzte erneut an: »Wir sollten also offen zueinander sein ...«

Meine Mutter steckte die Nase ins Zimmer: »Sagen Sie ruhig, wenn Sie keen Quarkkuchen oder Erdbeertorte mögen, ich habe ooch noch zwee Stückel Butterstreusel übrig!«

»Nee danke«, sagte der auftragsbewusste Genosse mit Urne, »kein Butterstreusel, keinen Quarkkuchen und auch keene Erdbeertorte, und auch mein Genosse möchte lieber nichts.«

Der essfreudige Genosse blickte auf seinen Begleiter.

»Doch, ä Stückel Erdbeertorte und ä Tässel Kaffee, da sagsch nich nee«, widersprach er.

Meine Mutter servierte Erdbeertorte, Quarkkuchen, Butterstreusel und Kaffee. Der Wahlhelfer mit Urne nippte nun doch vom Kaffee, obwohl die Tasse eigentlich für seinen Genossen bestimmt war.

»Warum wollen Sie denn unsere Kandidaten nicht wählen, es sind doch die Kandidaten der Nationalen Front? Andere kriegen Se nicht!«

Ich betete den beiden alles noch einmal vor. Meine Mutter sagte: »Bissel ›Kalten Hund‹ hamm wir ooch noch, mit viel Schoko und Rosinen …«

Die Genossen schüttelten die Köpfe und schwiegen, der Urnenträger schlürfte Kaffee, der andere löffelte Erdbeertorte. Dann fasste mich der Urnenträger tief ins Auge: »Wenn das so ist, dann – na, wie soll ich sagen – dann sollten Se zur Staatsmacht einfach mehr Vertrauen haben! Unsere Kandidaten sind doch alle von uns vorher geprüft und ausgesucht worden. Se sollten ihnen Ihr Vertrauen einfach schenken. Sozusagen als Vertrauensbeweis gegenüber den Organen der Volksmacht.«

Er hob befriedigt die Tasse mit dem Bohnenkaffee und nahm einen tiefen Schluck. Er freute sich, dass ihm ein Argument eingefallen war.

Ich kratzte mich am Kopf. »Der Sozialismus ist schön, die Staatsmacht ist gut, und deshalb schenke ich den kommunalen Kandidaten mein Vertrauen, obwohl ich eigentlich überhaupt nicht weiß, wer das ist.«

»Na also!« Der Urnen-Genosse zog Wahlzettel aus einer Mappe.

Ich sagte: »Vergessen Sie's. Schlechter Rat. Übrigens eine gute Gedichtüberschrift.«[1]

Die beiden schauten sich an: »Schreiben Sie ooch Gedichte?«

Ich nahm auch ein Stück Quarkkuchen und sagte kauend: »Na, wenn sich eins ergibt, wie jetzt vielleicht.«

Die Genossen standen auf. »Wir dachten, Se hätten vielleicht doch noch Vernunft angenommen und Ihnen wäre an der Klärung der Angelegenheit gelegen. Aber nu zeigt sich, dass Se uneinsichtig bleiben.«

Sie gingen und trugen die Urne mit sich, nicht ohne sich für Kaffee und Torte bedankt zu haben.

---

1 Vollständiger Text im Anhang, S. 203

Abends klopfte der Wohnungsnachbar, Herr Maier, auch SED-Genosse. Ich hätte der Ortsparteileitung den ganzen Wahlsonntag verdorben mit meinem schlechten Einfluss. Fünf Wähler hätten nach meinem Abgang aus dem Wahllokal mit »Nein« gestimmt, erklärte er vorwurfsvoll.

Zurück zum Studium in Leipzig meldete ich mich polizeilich mit Hauptwohnsitz an, um mich besser auf die nächste Kommunalwahl vorbereiten zu können.

1972 wird in Halle Ulrich Plenzdorfs Stück »Die neuen Leiden des jungen W.« aufgeführt, und ich sitze im Theater. Die Jugend, das dürfen plötzlich wir sein, mit Lederjacken, in Blue Jeans und Parkas. Mit langen Haaren und Bärten, in Rockerklamotten, so sitzen wir in den Theaterreihen und können nicht fassen, was da auf der Bühne geschieht.

Im Stück spielt eine Rockband, ebenfalls langhaarig, und Plenzdorfs Held Edgar Wibeau gibt in schnoddriger Weise Dinge über Staat und Gesellschaft von sich, für die man bisher von der Schule geflogen wäre oder wenigstens eine disziplinarische Strafe bekommen hätte.

1972. Ich bin Student der Ingenieurökonomie an der Fachschule für Bauwesen in Leipzig, ich bin 19 Jahre alt.

Bisher war alles verboten, was nun möglich ist: Beatmusik auf den Bühnen und im Radio, Haartracht, Klamotten, es gibt sogar mittlerweile viel mehr Läden für »Jugendmode«, wenngleich das, was man dort bekommt, oft seltsam aussieht, wie verordnete Jugendlichkeit.

Aber immerhin, etwas bewegt sich, das ist zu spüren. In den Studentenkneipen in Leipzig diskutieren wir darüber, ob und wann der frische Wind in der DDR-Kulturpolitik auch ins Politische umschlagen könnte. Darf man jetzt danach fragen, was es mit dem Konflikt zwischen der Sowjetunion und der Volksrepublik China auf sich hat? Und dürfen wir nun danach fragen, warum Prag 68 so zu Ende gehen musste, wie es zu Ende ging? Wie weit geht diese neue Offenheit?

Seit ein paar Monaten leite ich an meiner Ingenieurschule die Singegruppe. Begierig saugen wir alles auf, was an Liedern und Songs offiziell und auch inoffiziell zu bekommen ist. Auf der turnusmäßigen FDJ-Versammlung der Ingenieurschule für Bauwesen Leipzig im Mai 1972 singt der Singeclub der Ingenieurschule – unter meiner Leitung – Bob Dylans »Knockin' on heavens door«, und der anwesende Schuldirektor sowie der Lehrkörper der Schule applaudieren. Nur der Parteisekretär und der Kaderleiter zeigen verdutzte Mienen.

Der bekannte Leipziger Liedermacher Kurt Demmler besucht eine Probe unseres Singeclubs. Als er die vielen schönen jungen Frauen unseres Singeclubs sieht, lädt er den Singeclub zu einer Spontanfete ausgerechnet in meine Studentenbude ein, legt sich in mein Bett und versucht, die jungen Frauen mit hineinzuziehen. Wir wollen jedoch mit ihm lieber über die Veränderungen bei uns reden. Alle wissen: Er schreibt auch Texte für die berühmte Renft-Combo, gute Texte, poetisch, manche im Ton forsch. »Wer die Rose ehrt« zum Beispiel. Das gefällt mir. Ich frage ihn nach diesem Biermann, dem Liedermacher, der in Berlin wohnt und schon seit einigen Jahren verboten ist.

Auf den Namen Wolf Biermann war ich zum ersten Mal bei meiner Suche nach Beatmusik gestoßen. Beatmusik war nach 1965 im DDR-Rundfunk nur noch durch die handzahmen Ensembles Thomas Natschinsky und Theo Schumann Combo vertreten. Mehr zur Sache ging es im Westen, zuallererst in der Sendung »Beat-Club« von Radio Bremen.

In der Sendung »Beat-Club« traten alle im Westen berühmten Beat-Bands auf, das musste man als DDR-Beatfan einfach gesehen haben, das war Kult, das brachte das neue Lebensgefühl, weg mit dem alten Spießerkram, her mit dem Leben. Dabei hatten die Lieder von Biermann wirklich nichts mit Beatmusik zu tun.

Aber manchmal ging der Bremer »Beat-Club« musikalisch fremd und sendete in unregelmäßigen Abständen verwackelte Filmaufnahmen aus einer Wohnung in der Chausseestraße in Berlin-DDR. Es war die Biermannsche Wohnung. Und auch Biermann musste sozusagen musikalisch fremdgehen in die Beat- und Rock'n'Roll-Sendung, denn er war nach dem DDR-Auftrittsverbot auf das Westfernsehen angewiesen.

Was ich im »Beat-Club« an unverschämten und schonungslosen Biermann-Texten zu hören bekam, knüpfte vom Gedankengut her an den militärisch plattgewalzten Prager Frühling an: Endlich den eignen sozialistischen Stall ausmisten.

Aber Kurt Demmler liegt in meinem Bett und winkt ab und meint, Biermann ginge zu weit.

Ich verstehe das nicht. Wenn sich plötzlich so viel tut bei uns, wieso kann man diesen Biermann nicht auch wieder auftreten lassen?

An den Abenden feile ich in meiner Studentenbude an meinen eignen Texten. Eine bessere Schreibmaschine muss endlich her, jeden Groschen, den ich neben dem Studium verdiene, lege ich beiseite, und irgendwann bestelle ich eine Reiseschreibmaschine, Typ »Maritza«, aus Ungarn, Lieferzeit sechs Wochen. Inzwischen ist es Oktober geworden.

»Hast du Westfernsehen gesehen am Wochenende?«, fragt mich Lutz, ein Kommilitone an der Ingenieurschule.

»Da war wieder dieser Biermann im Beat-Club. Hat ein Lied über die Stasi gesungen und noch eins, dass man nicht verbittern soll in diesen bitteren Zeiten.«

Klar, natürlich habe ich Biermann auch gesehen.

Lutz zitiert scherzhaft ein abgewandeltes Brecht-Gedicht: »Nach dem Verbot des Biermann ließ die Regierung Flugblätter verteilen, auf denen zu lesen war, dass der Biermann das Vertrauen der Regierung verloren hätte und dieses nur durch erhöhte Anstrengungen zurückgewinnen könne – wäre es da nicht besser, die Regierung schaffte den Biermann ab und backte sich einen neuen?«

Lachen, na ja.

Ein frecher Hund, dieser Biermann, einer, der sich das Maul nicht verbieten lassen will, der etwas riskiert. Freilich auch, weil er es riskieren kann, weil er prominent ist. Ich frage mich, wie wird man so prominent, dass man solche Wahrheiten in Balladen sagen kann?

Ich frage mich aber auch, wer so rotzig frech daherkommt, der wäre doch sicher schon verhaftet worden, oder? Ist der vielleicht ein Provokateur, der kritische Geister anlocken soll wie die Leimrute die Fliegen? Keine Ahnung.

Irgendwann gegen Ende Oktober beschließe ich, diesen Biermann einfach mal zu begutachten und ihn zum Weitermachen zu ermutigen. Sozusagen als selbst ernannte Leipziger Ermutigungsdelegation, bestehend aus meiner Person. Ich will natürlich auch als neunzehnjähriger Anfänger dem bekannten »Kollegen« Biermann die eigenen Texte zur Begutachtung vorlegen. Vielleicht kann ich ja noch was lernen.

Aber wo wohnt Biermann eigentlich? »Chausseestraße« soll eine Schallplatte von ihm heißen, Chausseestraße 125, oder war es 152? Jedenfalls Chausseestraße, mit einer dreistelligen Nummer, die mit »1« beginnt, und zwar die Chausseestraße in der Nähe einer Weidendammer Brücke. Egal. Ich werde einfach durch die Chausseestraße gehen und die Namen auf den Klingelknöpfen lesen. Ich werde klingeln und sagen: Ich komme aus Leipzig, ich bin Student und Texteschreiber, und ich möchte Sie besuchen und Ihnen sagen, dass Sie weitermachen sollen.

Und nun geht es um die Umsetzung. Am ersten Novembersonnabend schiebe ich die Gitarre in die Transporttasche. Zu den Gedichtmappen im Rucksack packe ich vier belegte Brote, zwei mit Leberwurst und Zwiebeln, die anderen mit Käse, ich nehme noch eine Flasche Wasser und trete vor den Spiegel, um mein Aussehen zu überprüfen. Ich sehe mich stehen, lange Haare bis zu den Schultern, im roten Cord-Gehrock mit Goldknöpfen, gekauft in der »Jugendmode«. Mein Urteil: ganz ordentlich. Ich nehme die Gitarre und den Rucksack, und dann schreite ich zur Tat. Zur Straftat?

Hinaus aus Leipzig geht's, mit der Rumpel-Straßenbahn, auf die ich »Rüttelwahn« gereimt habe, weil sie sich beim Fahren in den maroden Gleisen hin und her wirft, so dass man an ein Art Zwangsmassage glaubt.

Von der Straßenbahnendhaltestelle geht es zu Fuß noch eine halbe Stunde bis an die Autobahnauffahrt Richtung Berlin. Der Wind pfeift kalt, Wolkenfetzen jagen über den kahlen Leipziger Vorstadthorizont, leichte Regenschauer gehen nieder. Maximal fünf Grad, schätze ich, mich fröstelt. Meine Handschuhe habe ich vergessen einzustecken, wenigstens an einen Schal habe ich gedacht.

Dann stehe ich noch einmal eine halbe Stunde. Endlich hält ein alter S-4000-Laster mit Anhänger, mit irgendwelchen Fässern beladen.

»Nach Berlin«, sage ich zum Fahrer, er nickt, und ich will schon vorn zu ihm in die Kabine steigen, da sagt der Fahrer, ein mittelalter und mitteldicker Mann mit Stupsnase und dunkler Brille: »Hier vorne kannste nich', das is' alles voll gepackt, hinten oben is' aber noch Platz.«

Tatsächlich, vorn alles voller Kisten und Kästen neben dem Fahrer. Gut, klettere ich eben nach hinten, auf die Ladefläche, zwischen die Fässer, schließlich fahre ich heute zu Biermann nach Berlin.

Ich klopfe auf das Dach der Fahrerkabine, es kann losgehen, der Laster dröhnt durch Schlaglöcher auf die holperige Piste der Autobahn.

Der Fahrtwind pfeift so stark, dass ich mir die Hände an die Ohren legen muss. Schließlich binde ich mir den Schal um den Kopf.

Dann sehe ich: Die verrosteten Fässer, zwischen denen ich hocke, haben alle den Totenkopf aufgedruckt. Irgendwelche Industrieabfälle wahrscheinlich. Nicht so schlimm, ich will sie ja nicht auslecken, ich fahre zu Biermann. Nach einer Stunde Fahrt bekomme ich Hunger. Ich lange in den Rucksack und hole meine Wurstbrote raus, meine »Bemmen«, und der Fahrtwind reißt sie mir fast aus der Hand. Wo soll ich die in Papier eingewickelten Brote ablegen, wenn ich auch noch was trinken will? Auf dem Boden der Ladefläche, die voller Holzsplitter und Dreck ist? Ich lege sie auf ein Giftfass. Ist ja Papier dazwischen. Der Fahrtwind zerrt an mir und den Bemmen, ich bibbere vor Kälte. Es nieselt, nein, es peitscht, halb Wasser, halb Schnee, und wir sind noch nicht mal über die Elbe. Und dann, dann kommen noch die endlosen Kiefernwälder südlich von Berlin im Bezirk Potsdam.

Als der Lkw-Fahrer nach Stunden am Berliner S-Bahnhof Rummelsburg hält, muss er mich fast von der Ladefläche heben, ich bin zu drei Vierteln erfroren.

Vorm Eingang zur S-Bahn-Treppe klärt mich eine Spruchtafel auf: Der Marxismus-Leninismus ist allmächtig, weil er wahr ist. Ich beginne aufzutauen. Wahr ist aber auch, dass es mir nach der Fahrt auf dem offenen Lkw nicht besonders gut geht. Ich komme kaum die Treppen der S-Bahn hoch. Aber ich bin im Einsatz, und dieser Einsatz erfordert den ganzen Mann. Seit wie vielen Wochen habe ich mit dem Gedanken gespielt, zu diesem Biermann zu fahren! Ich muss jetzt durchhalten.

Frage an Passanten: »Chausseestraße, wo issn das?« Aha, bis Friedrichstraße, dann laufen. Ich fahre und fahre, ich laufe und laufe, die Friedrichstraße wird zur Chausseestraße, wie war die Nummer, 125? Nee, nüscht, kein Biermann, war es Hausnummer 130? Auch nix. 129, 128, 127, 126, 125, da wohnt kein Biermann, Aber 131? Tatsächlich, da wohnt er!

Ich gehe dreimal an dem Klingelknopf vorbei, bevor ich mich getraue zu klingeln.

Dann drücke ich. Ich drücke wieder, und drücke noch mal. Nichts. Kein Biermann kommt raus. Ich bin umsonst nach Berlin gefahren. Mit dieser niederschmetternden Erkenntnis und so etwas wie beginnendem Schüttelfrost schleppe ich mich in die nächstbeste Kneipe an der Friedrichstraße, um mich mit einer heißen Suppe und Tee zu retten.

Die nächsten Stunden hänge ich in der Kneipenecke, an die Wand gelehnt, einen heißen Tee nach dem anderen in mich kippend, während an der Wand ein Bild des neuen Generalsekretärs der SED, Erich Honecker, süßsauer herunter auf das lärmende, rauchende Trinkervolk unter sich lächelt.

Als es dunkel wird, raffe ich mich auf, um nach einem billigen Nachtquartier Ausschau zu halten. Vorher will ich aber ein letztes Mal bei Biermann klingeln, vielleicht ist er ja inzwischen nach Hause gekommen.

Mit glühender Stirn schlurfe ich erneut über die Straße, zum Hauseingang Chausseestraße 131. Links neben mir sehe ich aus den Augenwinkeln die Ständige Vertretung der BRD, davor Uniformierte in Aluminiumwachhäuschen mit Sichtschlitzen. Aus einem der Sichtschlitze werde ich mit einem Fernglas beobachtet.

Ich klingele wieder bei Biermann und wieder tut sich nichts. Ich klingele abermals und drehe mich, um wegzugehen, da wird es drinnen hell, Flurlicht, ein Schlüssel zieht einen Schnapper zurück, die schwere Haustür öffnet sich und es erscheint: Wolf Biermann. Ich fasse es nicht.

Mit fiebrig rotem Kopf erkläre ich, wer ich bin und was ich will, und dass das, was er singt, richtig ist, das mit dem besseren Sozialismus, in dem man den Mund aufmachen darf und in dem die Fabriken wirklich den Arbeitern und nicht der Partei gehören und …

»Sie sehen ja nicht so gut aus, woll'n Sie kurz mit hochkommen?«, fragt Biermann ungerührt.

Welche Frage. Natürlich will ich mit hochkommen.

Wir betreten eine Altbauwohnung, laufen durch einen langen Flur, dann links in ein Durchgangszimmer, das Zimmer dahinter erkenne ich wieder, es ist das vom Plattencover, das ich im Fernsehen gesehen habe, es ist das aus dem »Beat-Club«.

Biermann bietet mir einen Platz in einem dicken tiefen Ledersessel an, ich verschwinde fast bis ans Kinn, einige der Sprungfedern scheinen durchgebrochen zu sein. Ich wünsche mir auch so einen alten schicken Ledersessel mit durchgebrochenen Federn. Der sieht so schön nach Dichter aus. Ich zittere, weil ich friere. Schüttelfrost.

»Sieht nicht gut aus«, sagt Biermann, »soll ich Ihnen eine heiße Brühe machen?«

Ich nicke und Biermann geht in die Küche, um eine heiße Brühe zu machen. Bald höre ich einen Wasserkessel pfeifen.

Biermann bringt die Brühe, ein wenig wirkt er wie ein Teufel mit seinen schwarzen Haaren, aber ein sympathischer Teufel, einer mit Fleischbrühe. Die Brühe tut mir gut und ich frage ihn, ob er etwas Scharfes zum Würzen hat. Biermann sagt: »Ich habe Tabasco.« Tabsaco oder Tabasco? Noch nie gehört, was soll das sein? Er bringt ein Fläschchen: »Ich würde vorsichtig damit sein.«

Ich kippe ordentlich davon in die Brühe und trinke dann in kleinen Schlucken heiße Brühe, scharfe Brühe. Unglaublich scharfe, teuflisch entsetzlich scharfe Brühe, ich huste mir die Seele aus dem Hals, Biermann bringt Mineralwasser. Nachdem ich mich beruhigt habe, beginne ich, weiter davon zu erzählen, warum ich ihn besuchen wollte.

Ich erzähle auch von meinen Schreibversuchen und ziehe die zwei dicken Mappen mit Gedichten aus meinem Rucksack.

»Zeig mal her.«

Biermann setzt eine Brille auf und geht den Inhalt der einen Mappe durch, vielleicht hundert Seiten. Er nimmt die losen Blätter mit den Texten und ordnet sie zu drei Stapeln: einer mit vielen Blättern, einer mit deutlich weniger Blättern und einer, wohin nur hin und wieder ein Bogen aus seiner Hand wandert. Ich lasse derweil meine Blicke durch diese interessante Wohnung schweifen: So wohnt also der berühmte Biermann. Ölbilder, sicher alles Originale, Fotos von Berühmtheiten, ein Bett mit Überdecke in der Ecke.

Er weist auf den größeren Stapel von Texten: »Die sind so scheiße, dass du sie gleich hier entsorgen kannst.«

Er zeigt auf einen Papierkorb, und dann nimmt er den kleinen Stapel: »Die hier sind schon fast so gut, dass sie von mir sein könnten. Besonders das hier.«

Er meint die Queitsch-Ballade[1]. Und der andere Stapel?

»Da ist noch nicht Hopfen und Malz verlor'n«, sagt Biermann, »musste hart dran arbeiten, hier zum Beispiel, deine Transportpolizeiballade, da musst du dich selber fragen, was will ich eigentlich sagen damit. Ich hab auch 'ne neue Ballade geschrieben über diese andere Polizei, du weißt schon.«

Er zwinkert mit den Augen wie ein Clown.

»Soll ich sie dir mal vorspielen?«

Na klar. Biermann nimmt eine kleine Gitarre und springt rückwärts zwei Meter hoch auf eine Art Kommode. Wieder wie ein Teufelchen, diesmal ein trainiertes Teufelchen, eines, das meine Unterkühlung mit Tabasco wegätzt, jedenfalls kommt es mir mit meinem fiebrigen Kopf so vor, als sei er rückwärts mit der Gitarre auf die Kommode gesprungen und würde nun, die Beine gekreuzt, mit seiner Biermann-Stimme singen: »Menschlich fühl ich mich verbunden / mit

1 Vollständiger Text im Anhang, S. 204f.

den armen Stasihunden / die bei Schnee- und Regengüssen / mühsam auf mich achten müssen ...«

»Also«, sagt Biermann nach dem Song, »du musst noch bisschen auf die Weide, obwohl hier schon schöne Sachen dabei sind.« Er zeigt auf die Gedichtmappen.

Ich packe auch den größten Stapel wieder ein, allerdings, ohne die Sortierungen durcheinanderzubringen. Das muss ich mir zu Hause in Leipzig doch noch mal genauer anschauen.

»Geh doch mal zu Pannach in Leipzig, kennste den?«

»Nö«, sage ich, »nie gehört.«

Biermann geht zum Schreibtisch und sucht einige Schreibmaschinendurchschläge heraus. »Hier, die zwei kannst du mitnehmen. Der Pannach ist schon bisschen weiter als du, ist auch älter. Kannst dir vielleicht was abgucken.«

Ich überfliege: »Ballade vom Vertrauensmann« und »Überholen ohne einzuholen, das ist DDR-konkret«. Biermann schreibt mir die Adresse auf, eine Adresse in Leipzig-Dölitz, gleich bei mir um die Ecke am Südstern. Wir reden über die Angst vor der Stasi und den Dubček-Sozialismus in der ČSSR, ich erzähle von den sowjetischen Panzern bei mir im Erzgebirge 68, und was das für mich bedeutet hatte. Dann ist schon Mitternacht.

»Wo willst du denn schlafen«, fragt Biermann, »soll ich dir ein preiswertes Zimmer besorgen?« Ja, warum nicht. Meine Stirn glüht, voll von Eindrücken, heiß vom Fieber. Biermann ruft irgendwo an.

»Es ist eine Pension gleich neben dem Brecht-Ensemble, das kennst du doch?«, sagt Biermann. Kenn ich. Ich nehme Gitarre, Gedichte, Rucksack. Biermann hat ein paar Bücher in der Hand.

»Hier, nimm mal mit: ›Deutschland ein Wintermärchen‹ und ›Die Drahtharfe‹ und ›Mit Marx- und Engelszungen‹. Mach's gut und komm wieder.«

Draußen schneit es, ich huste. Ich war bei Biermann. Das Hotelzimmer ist ein Doppelbettzimmer. Ob ich etwas dagegen hätte, wenn das andere Bett auch vergeben wird, fragt der Portier. Nach dem Anruf von Herrn Biermann hätte auch sofort noch jemand anderes angerufen, und eine andere Möglichkeit der Unterbringung bestehe nicht. Ich bin bescheiden, ich bin 19. »Na ja, von mir aus«, sage ich.

Die Belegung des zweiten Bettes erscheint, ein junger drahtiger Mann, vielleicht dreißig, er duzt mich. Was ich denn so in Berlin mache im November, und woher ich käme.

»Ich wollte mal den Biermann besuchen«, erzähle ich stolz. Der Mann fixiert mich.

»Ach den, das ist doch der, der ab und zu im Westfernsehen auftritt? Und deshalb hast du auch gleich deine Gitarre mitgebracht, da habt ihr wohl schön im Duo gesungen?«

»Nee, zu erkältet, vom Trampen aufm Lkw, 'nem offenen«, sage ich.

»Und wie war's bei Herrn Biermann?«

»Sehr gut, und ich habe auch paar Bücher von ihm bekommen.«

»Ach, kann ich die mal sehen?«

Klar. Stolz wie Oskar zeige ich ihm Biermanns Bücher. Er schreibt sich die Titel der Bände auf. Sagt: »Besorg ich mir vielleicht auch mal.«

»Wird nich' gehen«, antworte ich, »die sind in Westberlin erschienen.«

»Ach«, sagt der unbekannte Zimmergenosse ungerührt und blättert.

»Aber da ist ja nicht mal 'ne Widmung für dich drin.«

»Doch«, sage ich.

»Na wo denn?« Er blättert in den ersten Seiten der Bücher.

»Nee«, sage ich, »das ganze Buch, das sind die Widmungen, das is für mich.«

Praktikum

Seit wenigen Tagen bin ich Praktikant im Leipziger Bau- und Montagekombinat VEB BMK (Bau- und Montagekombinat). Alle Studenten, die später als Bauingenieure und Ingenieurökonomen arbeiten werden, müssen verschiedene Praktika absolvieren, auch ein halbjähriges in einem volkseigenen Betrieb. Die betrieblichen Stellen im BMK, mit denen ich zu tun habe, fühlen sich verpflichtet, höchst wissenschaftliche Pläne über den Hergang meiner Praktikumszeit mit mir auszuarbeiten. Ich soll ihnen meine Vorstellungen unterbreiten und dann, so sagen sie, sollte man sich zusammensetzen und die Umsetzung der Pläne in Angriff nehmen. Denn alle Pläne müssen erfüllt werden. Jeder DDR-Betrieb hat viele Pläne zu erfüllen. Auch der Plan »Wissenschaft, Weiterbildung und Technik«, zu dem die Durchführung von Praktika gehört, muss umgesetzt werden. Das heißt, auch soundso viele Lehrlinge müssen zum Studium gebracht werden, notfalls auch wenn die das gar nicht wollen. Aber ich wollte weg aus der bierversoffnen Arbeitspraxis.

In den Büros sind die Sekretärinnen um mich bemüht. Ich fülle Formulare aus, deren Auswertung mich in den Betriebsalltag eingliedern soll.

»Das muss sich alles erst einspielen«, sagt der Direktor für Materialverwaltung des Kombinats. Studienpraktika will er immer in die eigne Hand nehmen, da kenne er nichts, sagt er, aber: »In einigen Wochen erst haben wir die Möglichkeit, Ihnen einen Arbeitsplatz mit Entscheidungsbefugnis und entsprechender Verantwortung zu geben. Bis dahin muss man sehen.«

Da ich nach dem Studiumsabschluss für den Einsatz auf dem Gebiet der Arbeitsökonomie vorgesehen bin, werde ich fürs Erste im Bereich der Materialwirtschaft eingesetzt. Der Lagerverwalter eines außerhalb Leipzigs gelegenen Betonteilelagers ist erkrankt, und ich soll einspringen. Der Materialverwaltungsdirektor beruhigt mich: »Es ist ja nur für ein paar Tage!«

Das Lager ist wirklich sehenswert. Ein ganzes Stück von der Straßenbahnendhaltestelle entfernt, etwa fünfhundert Meter weit hinter der Leipziger Stadtgrenze und ganz autonom, mit eigenem Büro. Es ist in einem derart verwahrlosten Zustand, dass ein Stellvertreter des Materialverwaltungsdirektors, der mich begleitet, bei der Erstbesichtigung nur ein entsetztes »Ooch!« hervorbringt. Die übereinandergestapelten Betonteile versinken im Matsch, die Stapel sind teilweise umgefallen.

Rings um das Betonteilelager erstreckt sich ein verrosteter Stacheldrahtzaun, dahinter schließen sich Rüben- und Kartoffelfelder an.

Eines Morgens ist es dann so weit. Ich fahre mit der Straßenbahn bis an die Endhaltestelle, steige aufs mitgeführte Fahrrad, erreiche das Betonteilelager und beginne mit der Verwaltung des Platzes. Die Verwaltung befindet sich in einem ausgemusterten Camping-Wohnwagen. Zwei Männer sind für die auf dem Gelände anfallenden Arbeiten zuständig. Ich wische jeden Morgen die beschlagene Fensterscheibe klar und sehe den lieben langen Tag auf die zwei. Ich bin jetzt ihr Vorgesetzter. Meine Aufgabe besteht laut Unterweisung darin, zu überwachen, dass alles seinen Gang geht. Außerdem habe ich alle Lieferzettel, die ein- und ausgehen, zu unterschreiben. Die Arbeiter haben einen eigenen kleinen Wohnwagen zum Umkleiden und Pausieren. Der Wohnwagen droht im Schlamm zu versinken. Sie versuchen, den Wagen mit ihrer Muskelkraft ein Stück weiter ins Trockene zu ziehen. Als ich den Arbeitern helfen will, sagen sie: »Nee, lieber nicht, setz du dich mal in deine Bude und bewach deine Zettel. Wir machen das hier schon.«

Ab und zu klingelt das Telefon und betriebliche Stellen fragen an, ob dies oder jenes angekommen sei und was zum Teufel nun wieder für Quatsch auf den Lieferzetteln stünde, wenn ich am Telefon den Inhalt der Lieferzettelduplikate vorlese.

Nachts wird vom Platz enorm viel geklaut. Ich sehe das, wenn ich am nächsten Morgen von der Straßenbahn komme und der Stacheldraht an einer neuen Stelle aufgeschnitten worden ist. Ich kann nichts weiter tun, als den Vorfall durchs Telefon zu melden. Es gibt nicht viel zu tun auf diesem Posten. Ich schreibe auf Zettel Gedichte über das, was mich neben der tristen Lagerverwaltertätigkeit sonst noch bedrückt, vergebliche Wohnungssuche mit der Freundin, Wohnungsbehörden-Ärger.[1]

Alle zwei Wochen, immer am späten Vormittag, wenn ich an meinem Schreibtisch vor mich hin dämmere, kommt die betriebliche Kontrollkommission, die mir vorwirft, zu wenig Einsatz beim Schutz des sozialistischen Eigentums zu zeigen. Die Kommission besteht aus dem Parteisekretär und einem der stellvertretenden Direktoren. Ich sage den beiden, dass ich keine Lust habe, auch noch die Nacht in dieser Einöde zuzubringen. Das sieht die Kontrollkommission nun auch wieder ein, und alles hat sich erledigt. Meinen Vorschlag, einen besseren Zaun um das Lager zu bauen, weist die Kommission mit dem Hinweis, dass für einen solchen Zaunneubau in diesem Jahr keine Mittel im Plan vorgesehen seien, ab.

Ein-, zweimal am Tag ist eine Lagerbegehung notwendig, um die Langeweile in der Einöde des Büros zu überlisten.

---

1 Vollständige Texte »Herbstsorge« und »Zweites Gedicht über die Wohnungsnot« im Anhang S. 206f.

Ich laufe einmal links am Drahtzaun entlang, an den im Unkraut und im Schlamm versinkenden Betonfertigteilen vorbei bis zum Ende des Lagers, und dann gehe ich einmal rechts herum, an den Betonteilen entlang bis zum Ende der Lagerfläche und zurück.

Eine Möglichkeit, mittags ein warmes Essen einzunehmen, gibt es nicht. Jeden Tag fährt einer von uns dreien im Lager mit meinem Fahrrad in einen zwei Kilometer entfernten Laden und kauft ein. Bockwurst mit Brötchen und Senf. Die Bockwürste sind natürlich kalt, wenn sie im Lager ankommen.

Meist verschwinden die Arbeiter nicht lang nach Mittag, so gegen eins, zwei. Die Arbeit des Tages ist getan, und sie gehen nach Hause. Ich sehe das ein. Es wäre sinnlos, wenn sie stundenlang hier herumhocken würden. Es kommen am Nachmittag keine Betonteile mehr an, das weiß ich nach drei Wochen.

Zu Hause haben die zwei genug zu tun. Ruft jemand vom Betrieb an und verlangt einen der beiden, sage ich, dass der Kollege gerade einen Lkw entlädt und deshalb nicht zu sprechen ist. Der Fahrer habe es eilig.

Nicht zu vergessen sind die Karnickel des eigentlichen, erkrankten Lagerplatzverwalters. Er hat die Ställe unter dem Bürowagen installiert. Gleich am zweiten Tag war er da und unterwies mich in der Karnickelfütterung. Während er redete, versuchte er möglichst unauffällig eine Schnapsflasche aus dem Schreibtisch in seine Jackentasche zu drehen.

Ich hatte die Flasche aber schon kurz nach meiner Rauminspizierung am Vortag entdeckt. Über den Lagerplatz und die Lieferzettel sagte er kein Wort.

Als er Wochen später zum zweiten Mal kommt, frage ich ihn, ob er sich schon einmal Gedanken über die effektivere Bewirtschaftung des Lagers gemacht habe.

»Weißt du«, sagt er, »als ich vor sechs Jahren diesen Platz

übernommen habe, bekam der Betrieb von mir im Verlauf von zwölf Wochen vier Verbesserungsvorschläge. Ich hatte einiges ausgeknobelt, wie dieser Laden hier in Schuss zu bringen sei. Die Vorschläge wurden angenommen und dann vergessen. Da habe ich es eben sein lassen und mir die angeschafft.« Er weist auf die Karnickel.

Der Raum, in dem er sonst und in dem ich jetzt sitze, ist nicht heizbar. Aber es sind Gasflaschen und ein Schweißgerät da, und wenn es zu kalt wird, kommen die Arbeiter, deren Wagen ebenfalls nicht beheizbar ist, zu mir ins Büro, zünden den Schweißbrenner an, und bald ist es warm. Der Abteilungsleiter der Direktion Materialverwaltung des Kombinats, der mich zweimal im Monat zwecks Leistungsabrechnung und Planung besucht, weiß von dieser Heizungsmethode. Aber er ist nicht dagegen, denn der Einbau einer Heizung in den Wagen ist laut Plan erst in sechs Jahren vorgesehen.

Kommt vormittags ein Lkw mit einer Materialanforderung, steigen die beiden Arbeiter auf ihren Radbagger und heben die bestellten Betonfertigteile auf die Ladefläche des Lkw. Nachdem ich abgezeichnet, gebucht und den Materialausgang registriert habe, notiere ich den Vorgang noch in den Bestandslisten des Lagers. Einmal pro Woche melde ich der Zentrale der Materialverwaltung des Kombinats die Materialbestände, die Ein- und Ausgänge sowie von mir vorgenommene Bestellungen allmählich ausgehender Betonfertigteile.

Dafür bekomme ich vom Abteilungsleiter eine Rüge, denn die Bestellungen sind an den Jahresplan Material gekoppelt und können nicht »mir nichts, dir nichts«, wie der Abteilungsleiter sagt, einfach so vorgenommen werden. Ich verstehe. Ich lerne: Nicht die sich neigenden Lagerbestände entscheiden über eine Nachbestellung, sondern das, was im Plan an Bestellungen vorgesehen ist.

Der Abteilungsleiter übergibt mir einen Jahresplan Material des Kombinats, weist mich in die mein Lager betreffenden Zahlenwerke ein, spricht noch von Verantwortung und fährt dann zurück in die Stadt.

Von nun an bestelle ich nicht mehr vorhandene Betonteile nur nach, wenn ich sie im Jahresmaterialplan in ausreichender und durch den tatsächlichen Verbrauch in noch nicht überschrittener Stückzahl deklariert vorfinde.

Ein Y-Betonbauteil für Kanalisationen wird von den Baubetrieben, die durch das Lager beliefert werden, seit meinem Dienstbeginn häufig und hartnäckig nachgefragt, es scheint Bedarf zu bestehen, es scheinen Kanalisationen gebaut werden zu müssen. Die letzten fünfzehn Y-Betonbauteile habe ich aber schon kurz nach Dienstübernahme ausgeliefert.

Ich lese im Materialplan nach, aber da gibt es diese Teile gar nicht für die nächsten zwei Jahre.

Ich rufe in der Zentrale an und erfahre, diese Teile seien bei der Erstellung des Planes wahrscheinlich leider vergessen worden. Man werde sie für das übernächste Jahr mit einplanen. Die Folge ist, die entsprechende Kanalisation kann erst übernächstes Jahr zu Ende gebaut werden.

Für mein wachsames Mitwirken bezüglich der Y-Betonteile bekommen wir, die zwei Arbeiter und ich, jeweils eine Prämie von 50 Mark ausgezahlt. Da taucht der eigentliche Lagerverwalter erneut auf, stellt zwei Kästen Bier unter den Tisch und lädt uns drei auf unsere Kosten zum Feiern ein, er legt uns die Bierkastenrechnung vor, schließlich hätten wir ja Prämie bekommen.

Beim dritten Bier eröffnet er mir, er sei noch ein Vierteljahr krankgeschrieben, und ob ich es schon gehört hätte: Der Betrieb hätte keine andere Vertretung, ich solle meine gesamte Praktikumszeit als Hilfslagerverwalter eingesetzt bleiben. Ich rufe den Direktor für Materialverwaltung des BMK an und frage, ob das stimme.

Der Direktor sagt, keine Leute, es tue ihm ja leid, aber man müsse es positiv sehen, so bekäme ich einen realistischen Eindruck in die Mühen der Praxis. Ich lege den Hörer auf und trete hinaus, um unter dem Büro den Karnickelstall auszumisten.

Exmatrikulation

1. Die Einladung

In der zweiten Jahreshälfte 1974 absolvierte ich das Abschlusspraktikum des Studiums im Verkehrs- und Tiefbaukombinat Leipzig. Es war so gut wie geschafft, nach vier Jahren Studium, jetzt war nur noch die Examensarbeit zu schreiben. In diesem Praktikum ging es mir recht gut, ich hatte eine mir wohl gesonnene Chefin, Frau Grabelsteiner. Sie ließ mich selbstständig arbeiten, sah darüber hinweg, wenn ich mal verschlief, und schrieb mir gegen Ende des Praktikums eine überschwängliche Beurteilung.

Unser Verhältnis wurde mit der Zeit ziemlich herzlich, so dass ich sie und ihren Mann nach Hause einlud. Frau Grabelsteiner war damals so gegen fünfundfünfzig, ihr Mann war schon älter. Die beiden Grabelsteiners stammten aus München und sprachen bayerisches Deutsch. 1956, so erzählten sie, seien sie in die DDR übergesiedelt. Sie hätten als Kommunisten nach dem KPD-Verbot 1956 in der Bundesrepublik Schikanen erdulden müssen. Ich fand die Gespräche mit den beiden interessant, weil sie mir ein Stück Geschichte der Bundesrepublik illustrierten. Ich wusste sonst fast nichts über den Westen Deutschlands. Bewundernswert und spannend war für mich auch der Umstand, dass Herr Grabelsteiner Widerstandskämpfer unter Hitler gewesen war. Ich hatte so etwas wie ein Grundvertrauen zu den beiden.

An diesem Abend tranken wir ziemlich viel Wein, und zu später Stunde bat mich die Chefin, doch noch die Gitarre zur Hand zu nehmen und ein paar meiner Lieder zu singen. Ich tat es.

Sie lobte mich über den grünen Klee, und damit war meine Eitelkeit angestachelt und verleitete mich zu der Kühnheit oder Dummheit, ihr ein Lied des verbotenen DDR-Sängers Biermann vorzusingen.

»Ach, das ist ja noch kritischer als die Lieder von Ihnen«, sagte Frau Grabelsteiner etwas erschrocken. Ich hatte mich bis zu diesem Abend mit ihr noch nie direkt über Politik, sondern immer nur über ihre Kunst unterhalten, denn sie malte Bilder. Dass sie Mitglied der SED war, wusste ich. Ich spielte ja selber mit der Idee, Kandidat der SED zu werden, um von innen etwas zu ändern. Viele dachten so.

Nun wollte meine Chefin wissen, wer denn dieser Biermann sei. Ich glaube, sie kannte ihn tatsächlich nicht. Das Schicksal nahm seinen Lauf. Ich stellte ihr die Affäre Biermann nach bestem Wissen und Gewissen dar, und als ich damit fertig war, drückte ich ihr auch noch Biermanns Gedichtbuch, die Heine-Adaption »Deutschland, ein Wintermärchen« in die Hand. Grabelsteiners versprachen, es zu lesen, und luden mich für die kommende Woche zu sich nach Hause ein.

Doch zwei Tage vorher wurde Frau Grabelsteiner kühler und abweisender. Dann saß ich abends auf ihrem Kanapee. Herr Grabelsteiner war nicht anwesend, doch wie zufällig war ihr Schwiegersohn da, der sich mir als »Ludwig« vorstellte. Von ihm wusste ich, dass er Funktionär im DDR-Außenhandel war. Schon bei der ersten Tasse Kaffee begann es.

Frau Grabelsteiner setzte abrupt die Tasse ab: »Also dieser Biermann, der ist ja nun wirklich das Letzte. Der hetzt ja gegen unseren Staat. Ich hab das Buch zwar nicht gelesen, aber meine Tochter, die hat drin rumgeblättert, die kannte den schon. Biermann ist unser schlimmstes Gift, hat sie gesagt. Dass Sie sich so für so einen interessieren, der kann Ihnen doch nur schaden!«

Ihre Tochter war Redakteurin bei der »Leipziger Volkszeitung«, dem SED-Blatt des Bezirks Leipzig. Frau Grabelsteiners gepflegt wirkender Schwiegersohn, der zwei ideologisch wild funkelnde Augen hinter den Brillengläsern sitzen hatte, schnitt mir, als ich zu einer Biermann-Verteidigungsrede ansetzen wollte, das Wort ab: »Ich diskutiere über alles, wirklich über alles, ich bin auch Mitglied der Arbeiter- und Bauerninspektion, aber über Biermann, dieses Schwein, da wird nicht diskutiert!«

Er hieb mit der Faust auf den Tisch mit dem Knabberzeug, das kurz hochsprang.

»Müssen Sie denn gleich so drastisch werden?« Ich war verdutzt und irritiert.

Doch meine Chefin sprang ihrem Schwiegersohn bei: »Ludwig hat drei Studien in der Sowjetunion absolviert, er weiß schon ganz gut, was er redet, auf ihn könnten Sie schon mal hören. Überlegen Sie doch mal selber, der Biermann, das ist doch ein Jude, stimmt's?«

Ich bejahte, wenn auch zunehmend verwundert, und ich ergänzte: »Na ja, sein Vater war einer …«

Sie stieß mit dem Fuß gegen den nächsten Sessel: »Na sehen Sie! Die Juden sind doch immer schon darauf aus gewesen, Geld zu machen. Das ist noch nie anders gewesen. Und der kommt daher und scheffelt Westgeld und darf dafür auch noch unsere Jugend versauen. Da hört aber der Spaß auf.«

Wie? Was erzählte die für einen Unsinn?

»Demnach müssten Sie auch der Meinung sein, Heinrich Heine sei nichts weiter als ein Geld scheffelnder Jude gewesen, ein übler Geschäftemacher?«

»Na, das ist wohl etwas fehl gegriffen«, belehrte mich der Schwiegersohn. »Heine war ein großer Künstler. Aber Biermann, ich bitte Sie! Da könnte ja jeder kommen! Aber ich will Ihnen mal erzählen, was ich in Kiew erlebt habe. Da haben die sowjetischen Behörden entdeckt, was einige Betriebsleiter, natürlich jüdischer Abstammung, dort an Vetternwirtschaft betrieben haben. Die ganze Clique wurde abgelöst. Und wenn Sie mich fragen, also ich will Ihnen mal was sagen: Ich hätte mit diesen Leuten noch was ganz anderes gemacht. Da muss man richtig durchgreifen. Sonst wird das nichts!«

»Das ist aber jetzt antisemitisch, was Sie hier reden«, gab ich zurück.

Unterdessen war meine Chefin musikalisch geworden, sie trommelte mit den Fingern auf den Tisch. »Überlegen Sie sich, was Sie hier sagen, ich lasse meinen Schwiegersohn nicht von Ihnen beleidigen!«

Wenn die Stimmung bei Besuchen solchen Höhepunkt erreicht hat, sollte man besser gehen, was ich auch tat, nicht ohne mich für die Getränke zu bedanken.

Vom nächsten Tag an ging mir meine Chefin aus dem Weg; sie sprach nur noch dienstlich mit mir. Ich sollte merken, dass sie sich von mir distanzierte. Einige Tage später kam sie zu meinem Schreibtisch und legte mir wortlos ein Blatt Papier auf den Tisch. Darauf stand: Morgen früh Aussprache mit Ihnen beim Ökonomischen Direktor des Kombinats über Ihre Leistungen während des Abschluss-Praktikums. Punkt acht.

2. Die Aussprache

Fünf vor acht klopfte ich an die Tür zum Vorzimmer des Ökonomischen Direktors des Kombinats. Die Sekretärin hieß mich eintreten. »Ich mache Ihnen einen Kaffee. Sie sollen hier warten, hat Wundi gesagt.« »Wundi« kam von Wunderlich. Wunderlich, der Direktor fürs Ökonomische, war für den Zeitraum des Abschluss-Praktikums für mich zuständig. Ich setzte mich.

»Ist er schon drin?«, fragte ich und zeigte auf die Polstertür zu Wundis Zimmer. »Ja, er ist schon drin.« Die Sekretärin tippte weiter.

Als ich den Kaffee getrunken hatte, kam der Kaderleiter des Kombinats durchs Zimmer gestürmt. Er nickte der Sekretärin kurz zu und verschwand hinter der Polstertür, die sich leicht schwappend hinter ihm schloss. Mich hatte er glatt übersehen. Seltsam. Bald erschienen auch Frau Grabelsteiner, der stellvertretende Direktor der Ingenieurschule und der Parteisekretär des Kombinats. Alle nickten kurz zur Sekretärin und übersahen mich, bevor sie von der Polstertür geschluckt wurden, die sich, wiederum leicht schwappend, hinter jedem von ihnen schloss.

Wie es aussah, waren alle wegen mir gekommen, aber keiner hatte mich aufgefordert, ihm ins Chefzimmer zu folgen. Ungutes stand bevor.

Das Warten dauerte noch eine halbe Stunde. Ich musste Bedeutendes geleistet haben, dass eine Gruppe solch hoher Tiere derart lange über mich debattierte. Dann war es so weit. Der Sprechapparat auf dem Tisch der Sekretärin räusperte sich und verlautete, sie solle »ihn« jetzt reinschicken.

»Sie sollen jetzt reingehen«, gab mir die Sekretärin mit verheißungsvollem Augenaufschlag weiter.

Ich trat in den Raum, fast wie ein Künstler vor sein Publikum, das lange vor dessen Erscheinen über ihn getuschelt hat. Mein Herz klopfte schneller als mir lieb war, als ich all diese strengen Augen auf mich gerichtet sah. Man saß hufeisenförmig am Konferenztisch. Ich wurde an die offene Seite des Konferenztisches dirigiert.

Um meine Unsicherheit zu verbergen, blickte ich die hohen Tiere, die es augenscheinlich auf mich abgesehen hatten, offensiv an und fragte gespielt optimistisch: »Na, wie geht's Ihnen allen?«

Aber das zog nicht. Sie blätterten in ihren Papieren und schwiegen.

Wundi, der Direktor, begann, ohne aufzuschauen: »Herr Sallmann, wir sitzen hier zusammen, um mit Ihnen die Ergebnisse der praktischen Arbeit im Kombinat auszuwerten. Uns liegt hier ein Bericht ihrer Chefin vor, in dem Ihre Arbeitsweise und ihr Fleiß gewürdigt werden. Das freut uns für Sie.«

Nun machte er ein trauriges Gesicht. »Es gibt da aber noch eine andere Sache. Frau Grabelsteiner hat lange mit sich gekämpft, aber dann hat sie sich doch entschieden, uns davon Mitteilung zu machen. Es geht um Ihre Bekanntschaft zu dem Herrn Biermann.«

Meine Chefin hat mich also verpfiffen, dachte ich und warf ihr über den Konferenztisch hinweg bittere Blicke zu.

Der stellvertretende Direktor meiner Schule runzelte die Stirn: »Sie sollen einmal ein Menschenkollektiv anleiten und das recht bald, nach dem Ende Ihres Studiums. Durch die Informationen von Frau Grabelsteiner ergeben sich bei uns aber Zweifel an Ihrer politischen Einstellung gegenüber unserem Staat. Wir haben uns daher beim Kulturkabinett des Bezirkes Leipzig gemeldet, um herauszufinden, welcher Art Ihre Aktivitäten als so genannter Liedermacher sind. Das Ergebnis habe ich vorhin in dieser Runde bekannt gegeben.«

»Darf ich es auch erfahren?«

»Sie wissen Sie doch selbst, dass Sie keine Auftrittserlaubnis mehr besitzen.«

Das klang schroff.

Nun folgte eine Befragung über mein Verhältnis zu Biermann: Wie stehen Sie zu ihm und seinen Ansichten, wann kennen gelernt, wie oft besucht? Warum diese scharfen Formulierungen in den Liedern?

»Und Sie wollen in unserem Staat Menschen leiten? Sie? Mit solchen Ansichten?« Der Kaderleiter des Kombinats lachte geringschätzig. »Was wollen Sie denn unseren Menschen erzählen, wenn Sie mit ihnen über die neuesten Parteibeschlüsse sprechen sollen? Können Sie mir das vielleicht sagen, he?«

»Na, ich würde ihnen diese Beschlüsse vorlesen und dann darüber sprechen. Jeder soll sagen, was er denkt, wenn er dazu überhaupt was denkt. Und ich sage dann, was ich denke.«

Nun lachten die Versammelten gemeinsam auf, doch das Lachen klang nicht gelöst.

»In Anbetracht dieser neuen Informationen über Sie, und Sie wissen ja, dass wir schon mit Ihnen Ärger hatten, sind Sie hiermit erst einmal vom Praktikum beurlaubt. Zu anderen Entscheidungen bin ich hier nicht befugt.«

Der vom stellvertretenden Direktor abgefeuerte Schuss saß. Ich war geschockt. Die machten wirklich Ernst!

»Wie es weitergehen soll, teilen wir Ihnen binnen vierzehn Tagen schriftlich mit.«

»Moment mal! Vielleicht lassen Sie mich auch noch etwas sagen. Sie alle hier scheinen sich und mir beweisen zu wollen, dass ich nicht immer auf der Linie der Partei liege. Das mag stimmen.«

Meine Stimme zitterte, und ich sprach wie mechanisch: »Ich möchte zu bedenken geben, dass Sie sich dabei auf Aussagen meiner Chefin Frau Grabelsteiner verlassen, die aber meiner Auffassung nach selber gegen die Politik ihrer Partei verstößt!«

Was meine Chefin konnte, konnte ich auch. Ich erzählte von den Interpretationen des Schwiegersohns meiner Chefin, ich zitierte die Geschichte vom Juden Biermann und von den ukrainischen Juden. Wieder Schweigen. Dann der Parteisekretär des Kombinats: »Das sind schwere Vorwürfe! Frau Grabelsteiner, entspricht das den Tatsachen?«

Und er antwortete gleich selber in die Runde hinein:

»Doch wohl nicht. Hier werden verleumderische Dinge ins Spiel gebracht, die für Frau Grabelsteiner außerdem noch sehr verletzend sind. Herr Sallmann, sehen Sie sie an und bemerken Sie, wie tief Sie sie gekränkt haben!«

Ich sah meine Chefin an. Tatsächlich. Einen roten Hals wie ein Truthahn hatte sie bekommen. Sie hatte jetzt den gleichen bösen diktatorischen Lehrerblick bekommen wie ihr Schwiegersohn abends bei ihr in der Wohnung. So böse also konnte Ideologie machen.

»Dieser Mensch lügt. Er lügt ganz schamlos«, zischte sie.

»Das dachten wir uns schon!« Der Kaderleiter des Kombinats knallte seine Ledermappe zu. Ich hatte keine Kraft mehr. Für diesen verschworenen Haufen strenger Funktionäre war von vornherein klar gewesen, wie diese »Aussprache« enden würde.

3. *Die Vorladung*

Tage später. Ein Brief mit einer Vorladung in die Ingenieurschule war angekommen, und so fand ich mich gemäß dem darin angegebenen Zeitpunkt beim Direktor der Schule ein.

Ich begegnete ihm schon auf dem Flur vor seinem Sekretariat. Mit hartem Gesicht sagte er: »Aha, da sind Sie ja. Kommen Sie gleich mit.«

Als wir in seinem Zimmer Platz genommen hatten, telefonierte er nach dem Kaderleiter und dem Parteisekretär der Schule: »Er ist da. Kommen Sie bitte gleich hoch zu mir.«

Als die beiden da waren, ging es sofort zur Sache: »In der mit Ihnen geführten Aussprache hat sich für uns ergeben, dass Sie als Führungskader eines Kollektivs ungeeignet sind. Außerdem hat es eine offizielle Mitteilung des Bezirkskulturkabinetts Leipzig an uns gegeben, die besagt, dass Ihnen die Auftrittserlaubnis als Liedermacher wegen des Vortrags feindlich-negativer Texte in der Öffentlichkeit entzogen wurde. Sie werden deshalb wegen dieser beiden Vorgänge mit sofortiger Wirkung von Ihrem Studium exmatrikuliert.«

»Dagegen protestiere ich«, kam es aus meinem Mund. Ich argumentierte noch einmal, sprach von der Verletzung der sozialistischen Gesetzlichkeit, von politischen Meinungsverschiedenheiten.

»Da muss ich aber lachen«, platzte der Direktor dazwischen. »Was Sie als politische Meinungsverschiedenheiten bezeichnen, sind für mich ganz eindeutig konterrevolutionäre Tendenzen! Oder wollen Sie etwa behaupten, dass Sie bis jetzt etwas für unseren Staat getan haben mit Ihrem Geschreibsel?«

Jetzt meldete sich der Kaderleiter der Ingenieurschule, Rauh, zu Wort, ein besonders scharfer Hund: »Na, sehen Sie, Sie wollen doch etwas ganz anderes als die Partei, sie faseln von irgendeinem Traum-Sozialismus. Hier bei uns aber ist der wirkliche, der ist so, wie er ist, und das bleibt auch so. Dabei sollten Sie stolz sein, in diesem Land geboren zu sein. Reden Sie doch nicht herum. Überhaupt, was wollen Sie und Ihre Gesinnungsfreunde eigentlich erreichen?«

»Das man klar reden kann und ohne Angst das, was man denkt, aussprechen kann. Aber das kann man ja im Sozialismus schon seit Stalin nicht mehr.«

»Ach, Stalin, Stalin! Ich unterhalte mich doch mit Ihnen nicht über Stalin. Das ist doch längst vorbei. Aber Sie denken wahrscheinlich, Sie können den Namen dieses großen Mannes in den Dreck ziehen? Das haben schon klügere Leute als Sie versucht.«

Ich trat die Vorwärtsverteidigung an: »Na, Stalinismus herrscht zum Beispiel noch so lange bei uns, so lange Leute wie Sie Leute wie mich auf diese Weise rausschmeißen können.«

»Ihre Frechheit überschreitet alles bisher Dagewesene!«, schrie der Genosse Kaderleiter.

»Danke, fühle mich geehrt«, gab ich zurück, »ich lege hiermit gegen Ihre Maßnahme Beschwerde ein. Bitte geben Sie mir die Entscheidung und die Gründe schriftlich.«

»Da können Sie lange drauf warten. Und noch was sage ich Ihnen«, fauchte der Schuldirektor, »in Ihre Kaderakte werde ich einen Vermerk machen lassen, dass Sie zum Zwecke der politischen und moralischen Läuterung nur für einfache Produktionsarbeiten einzustellen sind.«

Ich sprang auf. »Und ich sage Ihnen, dass das eine Exmatrikulation aus politischen Gründen ist. Und ich werde mir meinen Reim drauf machen, literarisch!«[1]

Auch Kaderleiter Rauh stand auf, kam langsam hinter dem Schreibtisch hervor und sagte leise: »Das werde ich zu verhindern wissen. Und dann Ihre Schmierereien vielleicht noch feindlichen Verlagen anbieten, was!«

»Natürlich. Mit Ihrem Foto auf dem Umschlag.«

Die Unterredung war beendet.

1 Vollständiger Text »Antwort auf eine Disziplinarmaßnahme« zitiert im Nachwort, S. 223

Maus und Katz

Nach dem Rausschmiss aus der Ingenieurschule habe ich Arbeit bekommen als Lkw-Fahrer, »Bewährung in der Produktion« heißt das. Nach der Arbeit laufe ich durch die Leipziger Petersstraße. Ich treffe einen Bekannten, der an der Karl-Marx-Uni studiert. Er ist dort Mitglied des Studentenbeirates und für kulturelle Aktivitäten und Veranstaltungen zuständig, und er betätigt sich als Discjockey im Rahmen der Uni. In dem von ihm geleiteten Studentenclub in der Leipziger Springerstraße hatte ich schon einige »Muggen«, Auftritte mit Liedern und Gedichten. Aber das war früher, als ich noch eine Auftrittserlaubnis für Chansonsänger hatte, die mich richtig offiziell zu derlei Veranstaltungen »befähigte«.

Mein Bekannter schüttelt mir die Hand und macht ein nachdenkliches Gesicht: »Hab von deinem Doppel-Rausschmiss gehört, Songgruppe, Auftrittserlaubnis natürlich gleich mit weg, wie immer. Und Studium finito. Da kannst du wohl jetzt gar nicht mehr …?« Er verzieht fragend den Mund.

»Na, eigentlich doch«, sage ich zu ihm, »ich mache natürlich weiter.«

»Aber getraust du dich denn?«

»Ich ja.« Ich blicke ihn an. »Die Frage ist, ob du das auf deine Kappe nehmen willst. Sonst wüsste ich schon, wie wir's machen könnten.«

»Na, wie denn?«, fragt er, angespannt.

»Ich komme einfach als Pausenfüller in deine Disco, du kündigst mich als kulturellen Beitrag an, aber du weißt gar nicht, wer ich bin, und die Mikros und die Anlage sind angeschaltet, ich trete auf und bin danach gleich wieder weg.«

Er blickt mich aufmerksam an. »Na ja. Gehen wir doch noch auf'n Bier in den Ratskeller und reden über Termine?«

»Du singst 'ne halbe Stunde«, zwinkert er nach dem ersten Schluck, »aber nicht mehr, dann verschwindest du, Klampfe wegbringen offiziell. Später kannst du wieder auftauchen, zum Diskutieren. In Ordnung?«

Er weiß, dass er sein Studienplatz mit solchen Aktionen gefährdet, aber er macht es. Ich frage ihn, warum. Er zuckt mit den Schultern. »Frag mich nicht, ich mach's halt. Solche wie du müssen ja auch mal zu Wort kommen. Übrigens weiß ich, dass du es ja nicht zum ersten Mal ohne Auftrittsgenehmigung machst.«

Das scheint ihm Sicherheit zu geben.

»Wie ist es mit dem Geld?«, will er wissen. »Du hast bestimmt die Mäuse nicht haufenweise in der Tasche?«

»Stimmt«, sage ich. »Wenn ihr was habt, nehme ich's, wenn nicht, mach ich's ohne.«

»Zwanzig Mark aus dem Getränkefonds, damit es keiner merkt«, sagt er und stellt das leere Bierglas auf den Tisch. »Herr Ober, wir zahlen.« Alles klar.

Am Mittwoch, dem Tag der Disco, sitze ich im Studentenclub. Die Gitarre ist gestimmt und einsatzbereit hinter dem Tisch des Discjockeys verstaut. Ich bin nervös. Aber es wird schon seinen Gang gehen. Stets das gleiche flaue Gefühl vor solchen Muggen. Komme ich danach zu Hause an, spähe ich unwillkürlich nach parkenden Limousinen mit Insassen. Passiert etwas? Wartet die Stasi schon zu Hause auf mich? Oder holen sie mich am nächsten Morgen? Oder wenn ich das Publikum anschaue: Es sind ja nicht nur zustimmende und wohlwollende Gesichter, in die ich da beim Singen blicke. Augen bohren sich da manchmal in mich, dass ich denke, wenn die nicht beim »Verein« sind, dann will ich Meier-Müller heißen. Mein Bekannter, der Discjockey des Abends, dreht die Musik leiser und nimmt das Mikro: »Nach der nächsten Musik kommen wir zu unserem kulturellen Beitrag: Ein junger Mann aus unserer Stadt singt seine Lieder und liest einige seiner Verse.«

Dann ist die Musik zu Ende, die Leute gehen schwitzend zu ihren Tischen zurück. Ich stelle mitten auf die Tanzfläche das Mikrofon samt Galgenständer und beginne das erste Lied. Einige der Gesichter, die mich anblicken, kenne ich schon, ich singe nicht zum ersten Mal hier. Beifall tut gut, so viel Eitelkeit muss schon sein, ich singe noch zwei Lieder, dann lese ich das Gedicht vom zukünftigen Funktionär.

Lebhafte Zustimmung. Aus dem Hintergrund ruft ein Mädchen: »Salli, sing doch mal das Lied von Queitsch!« Aha, die kennt mich und meine Lieder auch. Klar, irgendwo haben sie erfahren, dass ich heute hier bin und auftrete.

Nach dem Queitschlied singe ich das Lied vom ehemaligen Partisan[1], und während ich singe, steht einer auf und ruft: »Hör doch auf. Das ist ja ganz übel, was du da machst!« Pfiffe. Was haben die zu bedeuten, Zustimmung oder Ablehnung, für ihn oder für mich?

»Lass ihn doch zu Ende singen!«, schreit jemand.

»Aber das geht doch nicht, was der hier macht«, schreit der Empörte zurück.

»Der hat doch recht!«

»Der soll abhauen!«

Ich weiß nicht, wer abhauen soll, der Empörte oder ich. Aus dem etwa aus achtzig jungen Leuten bestehenden Publikum steigt Gemurmel auf. »Weiter singen, weiter singen!«

Ich spiele das Lied von vorn. Als ich fertig damit bin, klatschen die Leute im Takt, und ich spiele es noch mal.

Wieder Beifall, und manchmal, bevor es wieder zu einer Mugge geht, frage ich mich, nützt das was, was ich hier mache? Wie viele von denen, die lautstark ihre Zustimmung

---

1 Vollständige Texte im Anhang, S. 210f.

bekunden, sitzen wahrscheinlich im Politikunterricht an der Uni mucksmäuschenstill oder angeln sich mit auswendig gelernten antagonistischen Widersprüchen ein sozialistisches Leistungsstipendium.

Der, der da jetzt ruft: »Mach weiter, los, noch eins«, meint der: Heut machen wir einen drauf, und morgen halten wir wieder die Klappe? Ich lese noch zwei Gedichte und singe zum Schluss ein Liebeslied. Während der zweiten Strophe des Liedes sehe ich, wie zwei junge Männer aufstehen, ihre Jacken anziehen und gehen. Sofort ist die altbekannte Befürchtung wieder da: Waren die das? Was passiert nun?

Das Publikum merkt nichts. Es ist auf Lieder eingestimmt und will Zugaben haben. Ich höre aber lieber auf, die zwei Typen eben haben mir nicht gefallen. Der Discjockey spielt die nächste Tanzmusik an. Der Beifall verebbt. Als ich meine Gitarre hinter die Lautsprecherboxen trage, fragt er: »Hast du die beiden vorhin gesehen?« Ich nicke.

Einladungen zu Bier und Gesprächen lehne ich erst mal ab. Erst mal weg hier, abtauchen.

Nach einer Stunde bin ich wieder da, sitze an einem der Tische, trinke mein Bier. Zu Hause war alles ruhig. Auf der Straße lief mir auch niemand nach, vielleicht war das vorhin mit den zwei Kerlen einfach blinder Alarm. Vielleicht. Ein langer schmächtiger Junge kommt an meinen Tisch: »Ich wollte mal fragen, ob wir miteinander ins Gespräch kommen können. Wegen eines Auftritts. Wir wollen dich zu unserem Sektionsfest einladen.«

»Offiziell nicht«, antworte ich, »aber du kannst mich einfach so einladen, privat. Wann ist es denn?«

»In vierzehn Tagen, am dreiundzwanzigsten. Ich sag dir noch, wo du hinkommen musst. Du bringst doch deine Gitarre mit?«

»Aber sicher.«

Gefühlssozialismus

Der Wind drehte sich erneut, es lag in der Luft. Biermann blieb verboten, der Sänger Gerulf Pannach kämpfte gegen ein Auftrittsverbot, die Renft-Combo ebenfalls, vieldiskutierte Theaterstücke von Ulrich Plenzdorf und Volker Braun wurden wieder abgesetzt.

Auftrittsverbot und Exmatrikulation vom Studium: Ich hatte nun auch auf der eigenen Haut zu spüren bekommen, wie sich die Zustände im Land wieder verhärteten.

Der berühmte Biermann erschien weiterhin im Westfernsehen und wurde in der DDR immer bekannter. Viele wussten inzwischen, was er über den DDR-Sozialismus sang. Zu Hause Biermann im Westfernsehen gucken und auf den Staat schimpfen, das war für die meisten in Ordnung. Das getraute man sich gerade noch. Es brachte niemandem Ärger und keinen in Haft oder in die Irrenanstalt. Man wusste ja nie, beim Großen Bruder Sowjetunion hatte es das ja gegeben, wegen Kritik in die Klapsmühle. Das sagte jedenfalls im Westfernsehen der aus der Sowjetunion ausgewiesene Schriftsteller Solschenyzin.

Ansonsten schien die Lage angespannt, aber äußerlich ruhig. Verhaftung durch die Stasi? Sollten sie doch kommen. Meine Gedichte waren gut versteckt. Abgetippt auf vielen Schreibmaschinen.

Im Westfernsehen hatte es erneut eine Biermann-Sendung gegeben, und Biermann rief Pannach an, der ein Telefon besaß, und teilte ihm stolz und wie immer auch eitel mit, er hätte begeisterte Zuschriften bekommen, auch aus Leipzig. Ein gewisser Heinrich Lahn hätte seine Sendung gesehen und mit seiner Frau Regina einen solidarischen Brief an ihn, Biermann, verfasst, ebenso begeistert hätte ein Ehepaar

Eberhard und Sophie Maus geschrieben. Biermann zu Pannach: Es gibt noch mehr aufrechte Sozialisten in Leipzig – ihr seid nicht alleine!

Biermann sagte, er habe vor, nach Leipzig zu kommen, um Heinrich Lahn und die Familie Maus persönlich kennen zu lernen und uns miteinander bekannt zu machen.

Biermann kam und holte mich und meine Frau mit seinem neuen, weißen Auto Marke »Shiguli« zu Hause ab. Wir wohnten in einem Durchgangszimmer zur Untermiete bei einem Möbelpacker,[1] und ich glaube, Biermann erschrak vor unseren sehr einfachen Lebensverhältnissen.

Wir stiegen in seinen Shiguli und fuhren zu Kuno, der im Leipziger Musikviertel wohnte, einem Altbauviertel mit bürgerlichen Jugendstilhäusern an Straßen, die nach Musikern und Komponisten benannt waren. Dort waren wir alle verabredet. »Kuno« Christian Kunert, Musiker in der berühmten Renft-Combo, badete gerade seine dreijährige Tochter Denise im Wohnzimmer in einer Blechbadewanne. Biermann zog den Mantel aus, griff sich eine von Kunos akustischen Gitarren und hatte sofort ein Kinderlied parat und sang es vor, während sich Denise von Kuno den Seifenschaum aus den Haaren spülen ließ.

Kunos Frau Karin brachte Kaffee und Kuchen, und Biermann fiel sofort ein Kaffee-und-Kuchen-Lied ein und sang uns auch das vor. Dann klingelte es, und wir begrüßten das Ehepaar Heinrich und Regine Lahn. Dann begrüßten wir das Ehepaar Eberhard und Sophie Maus. Wein und Sekt wurden geöffnet und alle lauschten Heinrich Lahns Geschichte.

Geboren 1920, floh Heinrich als Jugendlicher vor den Nazis ins Exil nach Prag und wurde Soldat der Armee der damaligen ČSR. Nach dem Krieg kehrte er in den Osten

---

1 Vollständiger Text im Anhang, S. 216 ff.

Deutschlands zurück und wurde 1952 Dozent für Marxismus-Leninismus an der Berliner Humboldt-Universität. Und nach den Enthüllungen über die jahrzehntelangen Massenverbrechen in der Sowjetunion unter Stalin auf dem 20. Parteitag der KPdSU beteiligte er sich als Mitglied der SED an den kontroversen Diskussionen innerhalb der Partei. Er forderte politische Konsequenzen aus dem Geheimbericht Chruschtschows und den Ereignissen in Ungarn und Polen 1956. Deshalb wurde er 1958 von der Staatssicherheit verhaftet und wegen »schweren Staatsverrats« zu acht Jahren Zuchthaus verurteilt.

Nach seiner Entlassung 1961 arbeitete er als Lektor. Seit den sechziger Jahren, berichtete uns Heinrich, hätte er in Leipzig immer wieder versucht, illegale Oppositionsgruppen zu bilden.

Leider mit keinem großen Erfolg, sonst würde er ja nicht hier sitzen.

Wir waren alle schwer beeindruckt. Mit so einem hatten wir es also zu tun! Heinrich war goldrichtig in unserem oppositionellen Bekanntenkreis, es war wunderbar. Wir Leipziger vereinbarten Treffen.

In den folgenden Wochen bestach Heinrich Lahn bei den stattfindenden Zusammenkünften durch seine philosophischen und geschichtlichen Kenntnisse und noch mehr durch seine biographischen Erzählungen. Je mehr wir nachfragten, desto interessanter und schillernder wurde Heinrich Lahn.

Ein waschechter Antifaschist und Antistalinist, der noch gegen Hitler gekämpft hatte, war zu uns gestoßen, zu uns, ja, uns, denn wir fühlten uns schon allein durch den Mut jedes Einzelnen, sich Kritik an der SED-Politik zu getrauen, als eine Art Gruppe. Ein lupenreiner Altkommunist, aber einer mit Gewissen, so einer hatte unseren Weg gekreuzt, einer, den die Ereignisse um den 20. Parteitag der KPdSU im Jahr 1956 verändert hatten und der dafür leiden musste, ein

Mann des aufrechten Ganges also, ein vereinzelter Kämpfer für einen besseren Sozialismus, ein Einzelkämpfer gar, hatte sich uns beigesellt. Wir blieben staunend in diesen Wochen: Gerulf Pannach, Amrei Pannach, Kuno und Frau, ich und Martina, die sympathische Familie Maus, Sophie und Eberhard, er Lehrer, sie Buchhändlerin, mit kleiner, vierjähriger Tochter.

Eberhard Maus malte Ölbilder mit verborgenen philosophischen Deutungsmöglichkeiten. Wir trafen uns in ihrer großen Altbauwohnung im Leipziger Osten oder in der gemütlichen Altbauwohnung der Lahns in der Leipziger Funkenburgstraße. Heinrich und Regina Lahn waren gebildete Menschen, beide kümmerten sich vorbildlich um Reginas behinderten achtzehnjährigen Sohn Jürgen, der bei den Treffen meist anwesend was. Auch die Familie Maus war gebildet, und ich war der Jungspund, war so etwas wie das plebejische Neukind, der Wieder-Arbeiter, der rausgeschmissene Student. Aber unsere Treffen waren geprägt von Herzlichkeit und einem aufrichtigen Klima und, ach, ich fühlte mich endlich irgendwo angekommen und angenommen. Und eines schönen Abends, als alles am aufrichtigsten war, wurde ich von der Gnade so herzlich über mich hereingebrochner Freundschaft direktermaßen überwältigt, es kann auch der Wein eine gewisse Rolle gespielt haben: Jedenfalls riss ich mir die Brust auf und bekundete Heinrich Lahn, wie sehr ich ihn für sein philosophisches Wissen, für seine Vergangenheit bewundere und wie sehr ich mich für seine Freundschaft bedanke.

Immerhin war ich einundzwanzig Jahre alt und empfand, ohne Vater aufgewachsen, Heinrich auch als eine Art väterlichen Freund.

Auch bei Eberhard Maus bedankte ich mich überschwänglich und pries Eberhards Malerei über alles, obwohl ich davon herzlich wenig verstand.

Bei diesen ersten Treffen ergab es sich im Zuge der allgemein hervorbrechenden Ehrlichkeit, dass wir alle, Pannach, Kuno, ich, die Frauen, Mausens, uns eingestanden, philosophisch eigentlich nicht allzu viel zu wissen, theoretisch also nicht tief genug zu blicken. Was damals von jedem von uns gedichtet und komponiert und gesungen wurde, entwickelte sich aus dem Bauch heraus, aus einer Art Gefühlssozialismus, der, so wusste jeder für sich, eigentlich der theoretischen Unterfütterung bedurfte.

Marxismus-Leninismus, Kommunistische Theorie, das hatten diejenigen unter uns, die studierten oder studiert hatten, genug lesen und büffeln müssen. Wir dachten an andere, für uns nicht so leicht erreichbare Theorien: Die ganze Philosophie der Griechen, die Unterschiede zwischen dialektischem Materialismus und Idealismus, Kant, Hegel, und als neue philosophische Entwicklungen Positivismus, Existentialismus, Sartre, Camus, Heidegger.

Schnell entstand die Idee von philosophischen Kursen, die uns philosophisch, dialektisch und politisch fit machen sollten. Heinrich war es, der die Idee entwickelt hatte. Und Regine und er hatten schon einige Vorstellungen, was die Struktur solcher Schulungen betraf. Rasch war eine Art Lehrplan entworfen.

Die Themen lagen nahe, zumal Heinrich stets Anekdoten aus seiner Vergangenheit zum Besten gab. Hitlerzeit, Widerstand, DDR 1956, politische Prozesse. Glich die eine Zusammenkunft eher einer Schulstunde, in der Heinrich auf Hochschullehrer machte und Strenge walten ließ, Disziplin verlangte, so war die nächste voller überraschender Anekdoten aus der kommunistischen Geschichte. Heinrich mochte jedenfalls nicht, dass zu viel herumgealbert oder gekichert wurde.

Genau das war der Grund, warum sich Pannach und Kuno allmählich von den wochenendabendlichen Schulungen abseilten. Sie kicherten und alberten allzu gerne beim Bier, das stets auf Heinrich Lahns großem ovalen Wohnzimmertisch bereitstand, und flüsterten sich offensichtlich finstere Witze zu, von denen ich immer nur die Hälfte mitbekam. Die beiden erschienen zunächst seltener zu den Treffen. Dann gar nicht mehr.

Zu viele Auftritte, sagten sie als Entschuldigung, leider keine Zeit, Musikeralltag. Im Dezember 74 lud Pannach mich ein, in einem Merseburger Jugendclub gemeinsam mit ihm und Jürgen Fuchs aufzutreten. Er und Fuchs noch legal, ich gewissermaßen schon illegal.

»Bei Heinrich geht es doch zu wie in der Klippschule«, meinte Pannach auf der Fahrt im Auto, »der will sich doch nur wichtigmachen.«

Vor Ort wurden die Gitarren gestimmt, wir tranken noch ein Frischbier, Pannach riss zwei schräge Späße, dann legten wir los. Pannach sang »Vertrauensmann, ach, du verkaufst unser Vertraun«, Fuchs las seine DDR-kritischen Gedichte, und ich gab das »Buchenwaldlied«[1] zum Besten. Das Publikum, zuerst verhalten, wurde gelöster. Die Leute schienen erstaunt über die Offenheit der Texte und klatschten zunehmend heftiger. »So was kann man bei uns sagen, is ja irre«, sagte ein Mädchen in der Pause. »Klar«, antwortete ich, klammheimlich stolz, »wenn man wenigstens ein bissel einen Arsch in der Hose hat.«

In der zweiten Hälfte der Veranstaltung liefen wir zu noch besserer Form auf, mein Mut stieg, ich las und sang auch Texte, bei denen ich mir sonst zweimal überlegt hätte, ob oder ob nicht, und als Jürgen Fuchs seinen Gedichtvortrag beendet hatte und einige Zuhörer ganz hinten im Publikum sehr eifrig mitschrieben, nahm Pannach die Gitarre und sagte ins Mikrofon: »Schreib mit, bleib fit!« (nach der Sport-

1 Vollständiger Text im Anhang, S. 212f.

bewegung »Mach mit, bleib fit«), und: »Ihr seid wohl von der Bewegung schreibender Arbeiter?«

Das Publikum johlte, die Mitschreiber, von denen man annehmen musste, sie kämen von der »Firma«, also der Stasi, blickten irritiert.

Vielleicht hatten wir ihnen aber auch Unrecht getan und sie notierten die Texte der Songs, um sie nicht zu vergessen. Zu verbergen gab es von der Bühne herunter jedenfalls nichts.

In der Schulungsgruppe zeigte sich Eberhard Maus irritiert vom Wegbleiben von Pannach und Kuno, und Heinrich, von ihm darauf angesprochen, riet altersklug: »Lasst sie. Sie sind einfach ein anderer Fall, sie sind Künstler.« Aha, sagte ich mir mit meinen 21 Jahren, dann bin ich also noch kein Künstler.

Bei den Lahn-Schulungen ging es nun immer konzentrierter zu, die Witzeleien und Sticheleien von Pannach und Kunert waren ja weg. Als Schulungsgruppe agierten nun noch die Lahns, die Familie Maus und wir, die Sallmanns. Die Schulungen wurden von Heinrichs gelegentlichen Lachanfällen unterbrochen, der immer dann, wenn ihm eine besonders humorvolle oder sarkastische Formulierung gelungen war, ein knurrendes, fast tierhaft röchelndes Lachen hervorstieß.

Über seinen Lebensweg und seine Verurteilung 1958 wusste Heinrich Lahn Atemberaubendes zu berichten, und auch über seine Jahre im Zuchthaus erzählte er uns abendelang.

Aber da war ein Punkt, den ich nicht ganz verstand: Er war im Jahr 1958 zu acht Jahren Haft verurteilt worden, wurde aber bereits nach drei Jahren wieder entlassen. Wie ging das? Wie das denn eigentlich erklärbar sei, gerade in der DDR, fragte ich schließlich in eine der Schulungsrunden hinein, als wir wieder Gefängnis-Anekdoten hörten.

Heinrich schwieg, recht lange. Dann begann er zu sprechen, leise: Er erzählte von einem Abkommen, einem Deal, von seiner guten Führung.

In der dissidentischen Runde am Tisch war es still geworden. Irgendetwas kam noch, das war zu spüren. Dann, nach weiterem Schweigen, erzählte er von einer Unterschrift, von einer Verpflichtungserklärung, um aus dem Gefängnis herauszukommen. Er sprach leise, erst mit wenigen, spröden Worten, dann immer mehr, immer ausführlicher.

Er habe so im Zuchthaus gelitten, es schlecht ertragen, überhaupt nicht ausgehalten, noch Jahre um Jahre hinter Gittern verbringen zu müssen. Deshalb habe er schließlich unterschrieben.

Dann sei er unter falschem Namen für die Genossen im Einsatz gewesen, im Raum Leipzig, im Raum Dresden, Chemnitz, habe Leute erkundet, Kollegen ausspioniert, »eben alles, das ganze Repertoire«.

Doch irgendwann, nach Jahren, habe er sich im Spiegel nicht mehr in die Augen schauen können, habe an die Diskussionen in den fünfziger Jahren mit Walter Janka und Wolfgang Harich gedacht, wo es um einen besseren Sozialismus gegangen war, und er habe die Zusammenarbeit mit dem MfS abgebrochen. Seither werde er vom Ministerium wieder als Feind geführt, was ihm aber lieber sei. Zwar habe die Stasi ihm noch eine Anstellung als Lektor in Leipzig verschafft, aber danach habe er nie wieder was von »denen« gehört.

Schweigen in der Runde. Nach meiner Frage, ob er denn Menschen geschädigt und wie viele er bespitzelt habe, blieb Heinrich eine Zeit lang stumm, um dann wieder anzusetzen. Ja, er habe Menschen geschadet, und er habe sich dessen geschämt, aber deswegen gerade habe er sich aus den Fängen der Staatssicherheit schließlich wieder befreit, und durch den Biermann-Kontakt und zu uns, er blickte tief in die

Runde, sei er erneut ermutigt, zu seiner oppositionell-kommunistischen Überzeugung zu stehen.

Und auch die philosophischen Schulungen seien so etwas wie eine Wiedergutmachung, jedenfalls in seinen Augen.

Das sagte Heinrich Lahn, wischte sich die Brillengläser sauber, zupfte sich am grauen Bart und wischte verstohlen eine Träne an die Backe.

Wir anderen schwiegen, betroffen. Heinrich Lahn, der Edelkommunist – ein ehemaliger Spitzel.

Ja, das waren die Tatsachen. Doch was sagte seine kluge Frau Regina dazu? An diesem Abend nichts, mit gesenktem Blick saß sie da, sie, die als Ehefrau doch von allem wissen musste. Dann sagte sie schließlich doch noch etwas: »Heinrich war in diesen Jahren sehr einsam.«

An diesem Abend gingen wir zeitig und wortkarg auseinander.

Erst Wochen später nahm Regina Lahn zu uns wieder Kontakt auf, zuerst zu Mausens, dann zu uns. Gelitten habe Heinrich als Spitzel, erklärte sie, wie zum Krüppel gemacht hätte er sich im Gefängnis gefühlt, mental zerstört sei er gewesen, ein Gefühl, das sich nach der Entlassung aus dem Gefängnis fortgesetzt habe. Auch während er als Spitzel andere zu Opfern gemacht habe, wie es Regina sagte, habe Heinrich sich, obschon jetzt selbst Täter, immer weiter als Opfer gefühlt, als eigentliches Opfer des MfS, der DDR-Gerichte, als Opfer des DDR-Systems. Erst durch den Kontakt mit uns, die wir wie er dächten, käme er nun allmählich wieder auf die Beine und schöpfe Hoffnung.

»Hoffnung worauf?«, fragte ich, arglos.

»Auf Solidarität, auf Anstand«, erwiderte Regina ernst und gefasst wie immer.

Ich traf mich mit Eberhard und Sophie Maus.

Die beiden waren noch schockiert von Heinrichs Offenbarungen, meinten aber, Heinrich brauche jetzt unsere Unterstützung, er sei ein wertvoller Mensch, er sei ja mehr oder minder zum Spitzeln erpresst worden, er habe nur den Absprung zu spät geschafft, und wir könnten dennoch von ihm unendlich viel lernen. Uns stünde es nicht zu, ihn, Heinrich Lahn, zu verurteilen.

Und so nahmen wir unsere philosophischen Zusammenkünfte wieder auf. Gleich zu Beginn des nächsten Schulungstermins gab Eberhard eine verständnisvolle Erklärung für Heinrich ab, und Heinrich schaute sehr dankbar und sehr gefasst. Und als er merkte, dass der Wind in unserer Runde ihm nicht ins Gesicht blies, sondern ihn umsäuselte, stieg ihm wieder ein unbändiges Lachen ins Gesicht, und unsere Merkhefte öffneten sich und Spinoza wurde ordentlich durchgenommen.

Im Frühjahr beschäftigte sich Heinrichs philosophische Runde vor allem mit Trotzki, Bucharin und Kamenew, die als führende Bolschewiki unter Stalin umgebracht worden waren. An einem der gemeinsamen Samstagabende feierten wir den Sieg der Vietcong gegen Südvietnam; die Amerikaner hatten sich aus Vietnam zurückgezogen. Wir feierten das als weltweiten Sieg der sozialistischen Sache. Aber unseren DDR-Sozialismus hielten wir für nicht überlebensfähig, wenn er sich nicht änderte.

Zu dieser Zeit, es ging auf Mitte 1975 zu, waren Erich Honeckers Antrittsgeschenke ans DDR-Volk aus den Jahren 1972 und 1973 vollständig aufgezehrt.

Die Renft-Combo, in der Kuno mitspielte, bekam wegen der Pannach-Texte für Renft-Songs nun wirklich ernsthafte Schwierigkeiten, und auch mit Pannachs Auftrittserlaubnis war es endgültig vorbei. Diese Entwicklungen wurden bei den wöchentlichen Zusammenkünften der philosophischen Schulungsgruppe ausgewertet und beurteilt. Plötzlich sprach Heinrich Lahn bei den Zusammenkünften das erste Mal von nunmehr nötigen Gegenmaßnahmen. Was nun bevorstehe, sei das Eigentliche, die revolutionäre Tat, der direkte Widerstand, die Aktion, erklärte er uns.

Er benahm sich geheimnistuerisch: Spiralfedern von alten Bettgestellen besonderer Stärke habe er im Keller, die könne man auf Abschussvorrichtungen, die er bereits berechnet habe, montieren, um Flugblätter von Wohnhausdächern ins Stadtzentrum von Leipzig zu katapultieren. Auf den Flugblättern sollten Texte der Gruppe gegen die neuen Repressionsmaßnahmen stehen. Die Wurfweite der Schleudern betrage über fünfhundert Meter, die Sache sei also relativ sicher. Er habe schon einmal Entwürfe dabei.

Eberhard Maus und ich wechselten Blicke. Redete Heinrich Lahn von so etwas wie Flugblattkatapulten, Schleudern mittelalterlicher Art? Heinrich entwickelte seine Katapultideen immer detaillierter. In mir regte sich so etwas wie Skepsis.

Waren Flugblattkatapulte nicht genau die Art Aktion, wie sie die Stasi als Provokation brauchte, um gegen solche wie uns vorzugehen? Warum schlug Heinrich das überhaupt ernsthaft vor?

Heinrich winkte ärgerlich ab.

»Die Stalinisten kippen die neue Kulturpolitik der SED, die Renft-Jungs werden verboten, Salli, du bist schon verboten, die ›Die neuen Leiden des jungen W.‹ dürfen nicht mehr aufgeführt werden, also müssen wir jetzt etwas tun, wenn wir uns nicht umsonst getroffen haben wollen.«

Plötzlich zweifelte ich. Auch an Heinrich?

»Aber schreiben wir nicht Texte und malen wir nicht, um uns auseinanderzusetzen?«, fragte Eberhard Maus. »Warum müssen wir jetzt Katapulte bauen, um uns verständlich zu machen?«

»Künstlerische Betätigung ist das eine, klarer Stellungsbezug das andere«, belehrte uns Heinrich, »jetzt ist es an der Zeit, Farbe zu bekennen.«

Ich sagte: »Aber wir bekennen doch seit Jahr und Tag

Farbe. Letztens habe ich mit Gerulf im Merseburger Jugendclub gesungen …«

Heinrich schüttelte den Kopf.

Für die Stasi seien sowieso alle unsere Texte feindlich-negativ, egal, ob als Flugblatttext oder Gedichtzeile. Er blickte mich durch seine dicke Hornbrille scharf an und lachte zornig auf.

Ich lachte mit. »Meine Flugblätter sind meine Gedichte, und mein Katapult ist meine Gitarre«, sagte ich zu Heinrich. Ich fand meine Formulierungen gut. Aber Heinrich schüttelte noch ärgerlicher den Kopf und knurrte etwas wie »und da hab ich mir so viel Mühe gegeben mit den philosophischen Herleitungen«.

In den folgenden Tagen gelang es Eberhard Maus und mir in mühsamen Diskussionen, Heinrich in seinen Ideen mit den Flugblattkanonen zu stoppen.

Aber waren die Flugblattkanonen damit wirklich vom Tisch?

»Ich denke darüber nach, aber ihr seid mir ein wenig zu schöngeistig drauf«, sagte Heinrich beim nächsten Treffen und schaute Eberhards Frau Sophie mit tiefem hornbebrilltem Blick versonnen an. Und auch Sophie blickte Lahn neugierig und gleichzeitig versonnen an. Das sah ich.

Der alte, gebeutelte Reformkommunist, der sich schämende ehemalige Spitzel, und die schöne schlanke Frau des gefühlssozialistischen Hobbymalers.

Jetzt fielen plötzlich die Wochenend-Schulungstermine mit den Lahns aus. Heinrichs Begründung: Einzelgespräche seien nötig mit den Mausens. Nanu. Worüber redeten die denn, ohne uns?

Nach drei Wochen schließlich doch wieder ein Schulungstermin, in der Maus-Wohnung im Leipziger Osten, ohne Eberhard. »Eberhard ist mit dem Kind zu seinen Eltern gefahren.«

Sophie Maus sagte das mit einer Miene, als sei sie darüber unendlich froh.

Heinrichs Frau Regina war nicht da.

»Kopfschmerzen.«

Heinrich machte wieder eine ernste und sehr gefasste Miene. Es wurde Wein entkorkt. Heinrich sprach meine Frau und mich mit »liebe Freunde« an, liebe Freunde, die nunmehr eingeweiht werden sollten, das es zu Veränderungen gekommen sei. Heinrich Lahn verkündete, er habe seine Gefühle nicht mehr länger bezwingen können, er habe Sophie Maus gestanden, wie er sie bewundere, und, nun ja, auch begehre, und nun sehe er es als seine Pflicht als Vorbild an, auch uns müsse er hier nun verkünden, nein, wolle er verkünden, wie sehr er Sophie liebe, sie, nur sie sei das, was er seit seiner Jugend gesucht habe, und er habe seine Frau Regina um Verständnis und Verzeihung gebeten.

Und auch Sophie habe ihm zu verstehen gegeben, dass seine Gefühle für sie von ihr erwidert würden, ja, dass eine gemeinsame Zukunft vorstellbar sei.

Kein Wort zu Eberhard Maus, kein Wort zur Tochter. Aber die Gier im Blick des alten Mannes auf das schöne junge Weib.

Sollte ich etwas dazu sagen?

War dies das Ende der philosophischen Schulungsrunden? Rannte jetzt alles auseinander?

»Aber keinesfalls wird unsere wichtige theoretische Arbeit unter dem Ausscheiden von Eberhard leiden«, erriet Heinrich meine Gedanken, »im Gegenteil, es wird im Anbetracht der neuen Konstellation«, er griff um Mausens Frau herum wie um einen Stoffballen, den er sich unter den Arm klemmen wollte, »zu ganz neuen Ergebnissen und Einsichten in der Arbeitsgruppe kommen.«

Und er presste Sophie Maus einen Kuss auf die Lippen und verursachte ein laut schmatzendes Geräusch, was Sophie Maus mit einem entschuldigenden Blick in meine Richtung beantwortete, der nicht unbedingt dem einer gerade frisch verliebten Frau entsprach.

Irgendetwas war hier nicht mehr richtig. Oder war ich einfach noch zu grün, um die verschlungenen Wege der Liebe und Leidenschaft zu verstehen? Hatte denn nicht jeder, und gerade ein erfahrener Mann wie Heinrich Lahn, das Recht, menschlich, allzumenschlich zu empfinden, und vielleicht war das mit Sophie Maus ja nicht gerade seine größte Leistung, aber Heinrich Lahn hatte ja noch anderes zu bieten. Und hatten nicht Heinrich und Regina in vielen Streitereien, die ich zu jener Zeit mit meiner Frau hatte, helfend und vermittelnd gewirkt? Und wenn ich vielleicht schon ein Recht hatte, an Heinrich zu zweifeln, musste ich mich dann selbst nicht auch fragen: Wer ohne Schuld ist, werfe den ersten Stein?

Betroffen blickten wir uns in der nun sehr klein gewordenen Runde an. Gerulf und Kuno, und jetzt Eberhard.

»Und was sagt Eberhard dazu?« Die Frage schlüpfte mir aus dem Mund wie eine nicht hierhergehörende Kröte.

»Das mit Eberhard tut mir leid, aber zwischen uns ging es eh nicht mehr so wie am Anfang, wir hatten uns aneinander abgenutzt.« Sophie Maus' Erklärung klang wie aus einem Dreigroschen-Psychologie-Eheberatungslehrgang.

Zuerst die Sache mit den Flugblattkanonen, und jetzt dieser Liebeskuddelmuddel. Aber Heinrich bekräftigte noch einmal forsch, an der Arbeit in der Gruppe würde unter allen Umständen festgehalten.

Und da hatte er recht, unter allen Umständen.

Eberhard Maus verzichtete fortan tatsächlich auf weitere Teilnahme an den Zusammenkünften, er kämpfe nicht, er ließ mich nach Wochen brieflich wissen, er sei nun genug geschult.

Meine Frau Martina und ich wurden nun wieder zu Lahns

in die Wohnung eingeladen, zur üblichen Schulungszeit am Samstagabend. Wein, Tee und Kuchen standen bereit, und plötzlich saß auch Regina Lahn wieder mit am Tisch, und auch ihr Sohn Jürgen, mit einer Sprachhemmung geschlagen. Regina benahm sich, als sei nichts geschehen, es gab gelöstes Gelächter, es wurde leicht gescherzt wie immer, es sollte gelöste Stimmung herrschen, gelöst ging es am schönen, weitläufig ovalen Tisch aus Mahagoni zu, und als wir alle einen Augenblick still waren, ergriff Heinrich das Wort und erklärte uns, er habe sich in einer seelischen Verirrung befunden, und er habe es der Großzügigkeit von Regina zu verdanken, dass er aus dieser seiner Verirrung wieder herausgefunden habe. Gleichwohl sei er sich der tiefen Verletzung bewusst, die er Regina zugefügt habe, und er habe sie inständig um Verzeihung gebeten und sie, Regina, habe sie ihm auch gewährt.

Sophie Maus, unterrichtete uns Heinrich weiter, ziehe es unter diesen Umständen vor, nicht mehr an der Schulungsgruppe teilzunehmen, und er und Regina – sie sahen sich tief in die Augen – respektierten diese Entscheidung. Ob wir noch Fragen hätten. Wenn nicht, dann könnten wir ja mit Kierkegaard fortfahren.

An Kierkegaards Aufsätzen kaute ich bei den Sitzungen schwer, es war sozusagen harter Stoff, an einem der folgenden Samstagabende bat ich erschöpft um eine Pause. Kurz zuvor hatte es geklingelt, und Regina war zur Tür gegangen. Sie kam zurück. Es sei für ihn, Heinrich. Der stand auf und verschwand. Wir blieben mit Jürgen, der meist schwieg, und Regina am Tisch sitzen, und schließlich wollte ich die entstandene Pause zum Toilettengang nutzen. Ich sprang auf und trat in den Flur.

»Salli, ich glaube, das stört jetzt wirklich«, rief Regina erschrocken hinter mir her, aber da war ich schon im großen dunklen Flur der Lahns auf dem Weg zum anderen Ende, wo sich die Toilette befand, und Heinrich stand im Flur, an der geöffneten Tür zu Reginas Zimmer. Er sprach mit zwei Männern, so viel sah ich im dunklen Halblicht des Flurs, die zwei trugen glänzende, dunkle Mäntel, Leder wahrscheinlich, als sie mich bemerkten, verstummten alle drei. Verdutzt ging ich an ihnen vorüber, im Halblicht des Flurs registrierend, dass es sich um Kunstledermäntel handelte. Durch die geschlossene Toilettentür hörte ich leises Zischeln. Ich spülte und trat wieder hinaus, aber da hielt mich Regina, die plötzlich neben der Toilettentür stand, am Arm fest und fragte, ob ich denn nicht noch ein Stück Fleisch haben wolle, es sei noch etwas übrig vom Mittag, ich esse doch so gerne Fleisch. Gerade hatte ich noch einen der Kunstledermäntel im Treppenhaus verschwinden sehen, und nun zog sich Heinrich, ohne sich von uns zu verabschieden, in Reginas Zimmer zurück. Es schien länger zu dauern. Regina verabschiedete uns ungewohnt hastig, aber nicht, ohne zu fragen, ob wir das Silvesterfest am bevorstehenden Wochenende mit ihnen verbringen wollten.

Vor Silvester gab es zwischen mir und meiner Frau Streit, es ging uns nicht gut miteinander. Martina suchte zusehends den Rat von Regina, bekam ihn auch und verbrachte die Abende bei Lahns.

Dann, am Silvesterabend, saßen wir zu fünft am Tisch, Heinrich und Regina, der unauffällige Sohn Jürgen, Martina und ich. Es fand an diesem Abend keine Schulung mehr statt.

Null Uhr, das Jahr 1976 war angebrochen und wir hatten angestoßen, nahm Martina mich beiseite und erklärte mir, dass sie sich von mir trennen und ihr Glück mit Reginas Sohn Jürgen versuchen werde.

Wir trennten uns.

Die Leipziger Gruppe um Heinrich Lahn war atomisiert worden.

Auch meine Arbeit als Lkw-Fahrer im VEB Tiefbaukombinat Leipzig verlor ich. Ich war als Vater in einem Jahr sechs Tage bei unserer siebenmonatigen, kranken Tochter zu Hause geblieben, meine Frau Martina hatte Hochschulprüfungen zu absolvieren. Der Betrieb akzeptierte mein Fernbleiben nicht, weil ich meine Krankschreibung ehrlichkeitshalber mit der Krankheit der Tochter begründet hatte.

Ich könne nicht als Fahrer weiterbeschäftigt werden, weil ich in dieser Funktion täglich bei der Baustellenversorgung gebraucht würde, lautete die Begründung des Bauleiters. Irgendwie fand ich das nicht so schön, konnte aber – als abgebrochener Ingenieurökonom – das ökonomische Argument auch nachvollziehen, denn bei dem herrschenden Arbeitskräftemangel war Ersatz für mich nicht zu bekommen.

Inoffiziell aber sagte mir der Meister auf unserer Baustelle in Leipzig-Ost: »Du Rindvieh, wie kannst du denen nur so eine Steilvorlage geben und wegen deiner Tochter zu Hause bleiben? Die haben dich doch auf'm Kieker seit deinem Rausschmiss aus der Schule. Damit haben sie doch, was sie wollten, einen Grund, dich auch hier wieder wegzukriegen. So einer wie du kann es sich in diesem Staat einfach nicht leisten, wegen seiner Tochter zu Hause zu bleiben. Das haste nu' von deinem Maul-Aufreißen!«

Was sollte ich sagen, irgendwie hatte mein Meister ja recht. Das hatte ich nun davon. Seit meiner Relegation vom Studium und dem Dienstantritt zur »Bewährung in der Produktion« hatte ich ununterbrochen das Maul aufgerissen, mit den Bauarbeiterkollegen in der Baustellenkantine beim Frühstück geplaudert. Unter dem riesigen roten Spruchband über den Tischen in der Barackenkantine, auf dem zu lesen war: »Mit der Sowjetunion im Bunde zu sein heißt, zu den Siegern der Geschichte zu gehören!«, war mir angesichts unserer Plackerei so manches durch den Kopf gegangen, und ich redete davon, wie ich mir die Verwaltung volkseigener Betriebe durch Arbeiterräte vorstellen könnte, und welche Funktionen Arbeiterräte in Jugoslawien in den Betrieben hätten und ob man daraus vielleicht etwas lernen könne.

Aber nun hatte ich den Salat und durfte meine kleine Dieselameise, meinen Klein-Lkw nicht mehr fahren.

Das hatte ich von meinen Volksreden in den Frühstücks- und Mittagspausen.

Ich leerte meinen Spind, verabschiedete mich von den Maurern und Stahlflechtern, die mir bedauernd auf die Schultern hauten, und zog weiter zum Ersatzjob, den mir die Kaderleitung des Tiefbaukombinats angeboten hatte.

Der Ersatzjob: Ich musste leere Industriefarbfässer mit einer Art römischem Speer ausstampfen, um die Farbverkrustungen von den Fasswänden abzubekommen, damit die Fässer wieder für neue Füllungen verwendbar wurden.

Der Nachteil des Farbfässerausstampfens bestand darin, dass der Farbfässer-Lagerplatz in einem der Außenbezirke Leipzigs lag, auf dem außer mir überhaupt niemand arbeitete. Doch der Nachteil war gleichzeitig ein Vorteil, denn das bedeutete, dass ich den Schlüssel für den Platz ausgehändigt bekam und auf mich allein gestellt war. Lkws lieferten im Verlauf der Woche die leeren Fässer an, und ich stampfte sie aus. Die Fahrer der Laster hatten eigene Schlüssel zum Lagertor, so dass meine Anwesenheit bei Anlieferung nicht unbedingt erforderlich war. Pro Woche hatte ich manchmal zehn, manchmal auch fünfundzwanzig Fässer auszustampfen. Die leeren Fässer, groß wie die Tonnen, in denen in New York oder anderswo die Armen ihre Abfälle verbrennen, um sich zu wärmen, so hatte ich das jedenfalls im Fernsehen gesehen, standen auf einem riesigen Hof zum Ausstampfen bereit. Das Ausstampfen vollzog sich nach einer Art indianischem Ritual, ich stellte mir laute Beatmusik im mitgebrachten Kofferradio an, dachte an die armen Leute in New York, die ich in Karl Eduard von Schnitzlers »Schwarzem Kanal« im DDR-Fernsehen gesehen hatte, entfachte ein Feuer in einem der Fässer und begann in einem anderen zuzustoßen.

Mit Arbeitshandschuhen an den Händen stieß ich den Stahlspeer mit der geschärften breiten Klinge im Rhythmus der Beatmusik immer wieder ins Fass, in die festgeklebten, verhärteten Farbhäute an den Fassrändern, bis sich die Krusten lösten und zu Boden fielen. War ein Fass ausgestoßen, schüttelte ich die Farbreste auf einen Haufen und nahm mir das nächste Fass vor. Die Fässer waren sozusagen harte ideologische Gegner, und eines beschäftigte mich manchmal zwei, drei Stunden. Andere ergaben sich leichter und ihre ideologische Fassverkrustung wich unter den Rammstößen meines Speeres schon nach Minuten. Da ich nun zwar von den anderen Kollegen isoliert war, mir aber die Zeit frei einteilen konnte, steckten in meiner Wattejacke griffbereit Notizheft und Stifte, denn das stundenlange stumme Stoßen ins Fass weckte den einen oder anderen aufhebenswerten Gedanken oder ein paar interessante Reimpaare.

Beim Farbfässerausstoßen fiel mir als Reimzeilenpaar ein: »Aller Frustration zum Hohn / blüht der feuerrote Mohn …« Wie das Gedicht weitergehen sollte, wusste ich noch nicht.

Ich schrieb beim Fässerausstoßen eine Menge. Gemessen daran, dass der Staat mir vier Jahre lang das teure Studium der Ingenieurökonomie finanziert hatte, ohne mich zum Abschluss zuzulassen, weil ich ideologisch nicht stubenrein war, erwies sich jetzt meine Pfählertätigkeit für mich als Schreiber recht effektiv. Ich kam mit den Fässern und den Gedichten voran.

Die Beatmusik konnte ich so laut drehen, wie ich wollte, das Feuer in der Tonne täglich lodern lassen, Notizen konnte ich mir machen, wann immer ich wollte, ich konnte auch kommen und gehen, wann ich wollte: schöne Isolation. Hauptsache war, dass morgens stets genügend Fässer ausgestoßen bereitstanden. Zur Unterbringung der Arbeitskleidung und der Arbeitsgegenstände diente ein Schuppen mit einer Gasflaschenheizung. Zur Verpflegung brachte ich mir meist Stullen und Thermoskannen-Kaffee im Rucksack mit.

Niemand von der Betriebsleitung kam vorbei, ich glaube, sie waren froh, mich hierher abgeschoben zu haben, und hätte mich jemand beobachtet, wären ihm vielleicht Parallelen zur mythologischen Figur des Sisyphos eingefallen. War ein Fass zu Ende ausgestampft, wartete bereits das nächste Fass, und wenn alle ausgestoßenen Fässer abtransportiert waren, kamen neue Fässer.

In dieser Zeit erhielt ich per Post vom Staat meinen Musterungsbescheid, die Einberufung zum militärischen Grundwehrdienst in der Nationalen Volksarmee, der NVA. Die Einberufung wurde für Mai 1976 in Aussicht gestellt. Jetzt hatten wir Anfang Februar.

Nachdem meine Frau mir im Verlauf der Heinrich-Lahn-Episode die Beziehung aufgekündigt hatte und mit unserem Kind ausgezogen war, kündigte ich meinem Betrieb. Sisyphos hatte keine Lust mehr.

Das VEB Tiefbaukombinat Leipzig entließ mich gern und mit guten Wünschen für die Zukunft. Arbeitslos in der DDR. Ich schaute mich um nach Stellenangeboten, Arbeitskräfte wurden überall gesucht. Ich hatte ja nur noch ein reichliches Vierteljahr zu überbrücken, bis ich zur »Fahne« musste.

In den Arbeitsstellenangeboten las ich eines Morgens in der Leipziger Volkszeitung: VEB Interpelz GmbH sucht Lagerarbeiter für zeitlich begrenzte Tätigkeit. Ich stutzte. VEB oder GmbH? Welche Unternehmensform galt, die sozialistische oder die bürgerlich-kapitalistische? Volkseigener Betrieb als Gesellschaft mit beschränkter Haftung, seltsam. Egal, sagte ich mir, das versuchst du jetzt, wenn du schon nicht im Intershop einkaufen gehen kannst, versuchst du wenigstens, unter den Interpelz zu schlüpfen.

Was ich nicht wusste, war, dass unter den Pelz der Interpelz GmbH zu schlüpfen wortwörtlich hieß, in den Gestank zu kriechen.

Ich bewarb mich um eine Stelle als Aushilfslagerarbeiter und bekam sie auch. Die Personalabteilung der Interpelz GmbH hieß Personalabteilung und nicht wie in den volkseigenen Betrieben »Kaderabteilung«.

Ich wurde der Gruppe W/B 2 zugewiesen, womit ich nichts anfangen konnte, erfuhr aber, dass mein Arbeitsantritt am ersten des nächsten Monats in einem Dienstgebäude in der Leipziger Innenstadt nahe des Leipziger Pelz-Zentrums »Am Brühl« erfolgen sollte.

Der Arbeitsantritt erfolgte. Ich fand mich in einem der alten, großen Leipziger Innenstadt-Messe-Handelshäuser am Morgen um acht Uhr ein, wurde eingewiesen, zugeteilt und belehrt. Wie gehe ich mit volkseigenen Pelzen um? Wer bekommt sie? Der Kapitalist. Warum ist es dennoch wichtig, Pelzhandel in Leipzig zu betreiben?

Mit anderen Worten, sie wollten mir sagen, wir verkaufen hier bei der Interpelz GmbH wertvolle Tierpelze aus Sibirien bis Rumänien und Mecklenburg an westliche Pelzhändler, um damit Devisen, Devisen und nochmals Devisen für unser marodes Finanzsystem zu erlangen. Du darfst nur nicht darüber reden. Das galt es zu unterschreiben. Ich unterschrieb.

Die Felle und Pelze, erzählten mir meine neuen Kollegen, seien teils gegerbt, teils unbehandelt. Ich konnte mir nichts darunter vorstellen. Ich wurde gefragt, wo ich lieber arbeiten wolle, bei den ungegerbten oder den behandelten? Ich zuckte mit den Schultern.

Sie erklärten, die behandelten Felle seien die gegerbten,

die unbehandelten die rohen Pelze, also so, wie sie geliefert wurden aus den Jagdgebieten, aus den Zuchtstationen, den Tieren abgezogen, sterilisiert und in eigenen Blutresten hart geworden, aber gesalzen. Die Blutkrusten gelte es zu brechen, was extra bezahlt würde. Wir machten einen Rundgang. Diese Felle stanken barbarisch, und ich entschied mich für die behandelten Felle. Meine neuen Kollegen waren samt und sonders im Rentenalter. Nur zwei der insgesamt 22 Männer und Frauen starken Pelz-Einsatzgruppe W/B 2 der VEB Interpelz GmbH waren geschasste Studenten wie ich. Die zwei waren von der Karl-Marx-Uni geschmissen worden, weil sie einen politischen Witz, den sie für harmlos hielten, an einer Wandzeitung ausgehängt hatten. Die Rentner arbeiteten schon lange als Aushilfen bei der VEB Interpelz GmbH. Sie kannten die Kniffe und sie kannten die Tricks. Sie kannten die Arbeitsabläufe und die Pelzmesseauktionen, bei denen die Pelzaufkäufer aus Österreich, Westdeutschland und der Schweiz mit geübten Gesten ganze Zehnerbarren voller vorbereiteter Pelze orderten, die so genannten »Lose«.

Ich freundete mich mit Rudi und Otto an, Rudi war ein großer, schlanker Rentner, der früher bei der Reichsbahn gearbeitet hatte. Er bezog, wie er erzählte, eine Rente von 120 DDR-Mark und musste sich hier etwas dazuverdienen. Otto, ebenfalls ein großer Mann, ein wenig stämmiger als Rudi, war früher Kraftfahrer gewesen.

Unsere Aufgabe bestand darin, die oft bis zu zwei, manchmal drei Meter hohen Haufen von bearbeiteten Fellen und Pelzen zu ordnen, zu sortieren und in die rollbaren Ausstellungsregale zu hängen.

Dann kamen andere Gruppen von Aushilfskräften, die die Felle und Pelze nummerierten und katalogisierten. Sie fassten die Posten an Pelzen zu den Losen zusammen, die dann den westlichen Kunden bei den Auktionen angeboten wurden. Die Gruppe W/B 2 musste bei den Auktionen die rollbaren Regale mit den eingehängten und nummerierten Fellen und Pelzen durch lange Gänge und Keller hinüber zu den Auktionshallen fahren. Die Auktionen fanden etwa einmal im Monat statt. Dazwischen gab es viel Leerlauf, und unser Meister tauchte manchmal tagelang nicht auf, weil er in anderen Gebäudeteilen zu tun hatte, die Räumlichkeiten der Interpelz GmbH erstreckten sich über viele Gebäude am Leipziger Brühl.

Das verleitete manchen der Aushilfsrentner nicht nur einmal dazu, sich in stillen Momenten mit dem Frühstücks- oder Mittagsbrot in einen Haufen Nerze zurückzuziehen, um ein Ruhepäuschen einzulegen.

Manchmal lagerte auch ich in müdem Zustand vormittags ein Stündchen in Nutria (gegerbt), ein anderes Mal in 530 Angora-Kaninchen, weiß-blau, ebenfalls gegerbt. Ziegen waren mir zu kratzig.

Dann wieder nahte erneut eine Auktion, und alle kuschelweichen Nutrias, Biberpelze und Angorakaninchen mussten für die Reise in den Westen vorbereitet werden. Dafür kamen sowjetische Schafsfelle an, und, eher die Ausnahme, ein größerer Posten sowjetischer Wölfe, beide Posten ungegerbt und stark riechend.

Am Tag der Auktion war der Andrang der westdeutschen, holländischen und österreichischen Pelzkäufer so stark, dass in den Auktionssälen Arbeitskräfte fehlten. Plötzlich stand der Meister in unserer Halle und fragte nach Otto, Rudi und den anderen. Ich wusste, wo sie waren, konnte es dem Meister aber nicht sagen. Der Meister sah mich prüfend an. Da hörte er es.

Es kam aus den Wolfspelzen. Es klang wie das Sabbern von Lefzen, fast wie ein Hundeknurren, ein Schmatzen und Hecheln. Der Meister trat mit dem Fuß kräftig in den Berg der Wolfspelze, und das Schnarchen der Rentner verstummte.

»Arbeitsdisziplin, verdammt noch mal!«, schrie der Meister und zerrte an den Pelzen, während Otto, Rudi und zwei weitere Rentner mit vom Schlaf geröteten Augen hervorkrochen. Hilflos wie herausgeschüttelte Käfer standen sie vor dem Meister, der ihnen eine Standpauke über sozialistische Arbeitsmoral hielt. Dann schickte er uns hinüber in die Auktionshalle zur Unterstützung der dortigen Hilfskräfte. Die blauen Arbeitskittel der Wolfspelzschläfer stanken nach Wolf. So traten wir hinein in die lichtüberflutete Auktionshalle, wo mit weißen, desinfizierenden Handschuhen und weißen Haarschutzhauben die westlichen Pelzeinkäufer die Wagen mit den Fellen und Pelzen inspizierten und sich sachkundig Notizen machten. Nachdem ich einer österreichischen Dame mehrere Nerz-Lose und einmal Schwarzbär aus Sibirien gezeigt hatte, belohnte sie mich mit einem 20-Schilling-Schein. Echtes Westgeld. Ich nahm es dankend und souverän. Wir Lagerarbeiter bekamen von den Westlern öfter etwas West-Trinkgeld zugesteckt, wenn wir in den Auktionssaal durften.

Otto, Rudi und die anderen aus der Rentnerbande begingen aber noch weitere Verstöße gegen die sozialistische Arbeitsmoral.

Unsere Pelz-Sortierhalle grenzte an ein Vorratsdepot des VEB Leipziger Messe, das durch einen bis zur Decke reichenden Maschendrahtzaun von unserer Pelzhalle abgeteilt war. An diesem Maschendrahtzaun entlang waren mehrere Posten Biber- und Rinderfelle aufgeschüttet, teils gegerbt, und beim Antesten der Rinderfelle auf Liegefähigkeit hin hatten sich die Rentner mit der Zeit bis zum Zaun durchgearbeitet. Der Zaun wies unter den Fellen überraschenderweise ein Loch auf, so dass es möglich wurde, hinüber ins Depot der Leipziger Messe zu steigen. Dieses Depot wurde von den Messe-Angestellten nur vor Messen aufgesucht, also nur wenige Male im Jahr. Es beinhaltete allerlei Nützliches für den Messe-Alltag. Teller, Löffel, Gabeln, Kochtöpfe, Lampen, Glühbirnen, Bleistifte, Kugelschreiber, Schreibblöcke, Kaffeeservices, Gießkannen, Tischdecken, alles, alles fand seinen Weg durch die Rinderfelle hindurch in die Spinde der Rentner.

Als ich schließlich das exakte Datum meiner Einberufung zur Volksarmee bekommen hatte und es Abschied zu nehmen galt, luden mich Otto und Rudi, die in einem Haus wohnten, zu sich nach Hause ein zu Kaffee und Kuchen. Ich sah es sofort. Die Teller, auf denen Rudis Frau den Kuchen servierte, stammten aus dem Depot der Leipziger Messe, die Kaffeekanne, die Kuchenplatte. Selbst auf dem Kaffeelöffel stand MM für Muster-Messe.

Rudi sah meinen Blick, und ich meinte beiläufig: »Na ja, preiswert in der Anschaffung, vielleicht ein etwas anderes Verständnis von Volkseigentum.«

Nachtruhe beenden

Nationale Volksarmee, Grundwehrdienst. Seit einem Jahr bin ich nun schon bei diesem Haufen. Noch ein halbes Jahr, dann ist es vorbei, dann sind die anderthalb Jahre Eingesperrtsein herum.

Abends feiern wir, bald sind wir »EKs«, Entlassungskandidaten. Wir haben jemand nach draußen geschickt, Schnaps holen. Der Kamerad muss illegal über die Kasernenmauer klettern und den »Stoff« besorgen. Alkohol ist in der Kaserne verboten, und Schnaps ist effektiver als Bier. Man ist einfach schneller besoffen, und nur darum geht es. Bald liegen wir beduselt und schnarchend in den Betten.

Aber zehn Minuten nach vier kreischt die Alarmsirene los. Gefechtsalarm. Wir springen aus den Betten und ziehen uns im Dunkeln an. Licht darf nicht gemacht werden. Das Wirrwarr der anzulegenden Ausrüstungsgegenstände ist schier unendlich.

Draußen auf dem Flur stehen die Offiziere mit den Stoppuhren. Sie, für die der Alarm genauso gilt, stecken längst in Tarnanzug und Offiziersausrüstung. In der Regel erfahren sie die Zeiten des anstehenden Alarms von ihren Vorgesetzten. So kann man eigentlich überhaupt keinen Gefechtsalarm simulieren, aber die Militärleitung hat es so eingebürgert, und keiner macht sich mehr groß Gedanken.

Einmal wurde direkt vom Generalstab Alarm ausgelöst, ohne dass die Offiziere Bescheid wussten. Nachdem sich die Soldaten befehlsgemäß mit Ausrüstung und Waffen versehen auf dem Kasernenhof zum Abmarsch aufgestellt hatten, brach alles zusammen. Die ersten Offiziere kamen verschlafen eine halbe Stunde später angewankt. Ein Teil von ihnen war in dieser Nacht überhaupt nicht aufzutreiben.

Inzwischen hat jemand auf dem Flur einen Pfiff ausgestoßen. »Die A-Gruppen zum Waffenempfang!« Türen werden aufgestoßen, die Soldaten der genannten Gruppen trippeln halb oder ganz angezogen zur Waffenkammer, Waffen empfangen, Munition in Magazinen.

Fünf Minuten später. Während die letzten Soldaten ihre Waffen abholen, haben die ersten schon ihr Sturmgepäck, ihre Atomschutzplane, ihre Magazintaschen, ihre Feldspaten, Stahlhelme, Schutzmasken über die Wattejacken geschnallt und treten auf dem Hof an. Alles im Laufschritt. Im Fahrzeugpark heulen ein paar Motoren auf. Zwei Offiziere treiben die letzten Soldaten die Treppen runter zu uns anderen: »Kommen Se, gehen Se, machen Se, Ihnen ist wohl der Arsch angefroren? Ich werde Ihnen Beine machen!«

Kurz darauf stehen wir im »Stillgestanden«, und unser Kompaniechef, von den Soldaten »Teck-Teck« genannt, kündigt uns einen Zwanzigkilometermarsch unter vollem Gepäck nach Normzeit mit anschließender Gefechtsausbildung, Schießübung und Übernachtung im Freien an. Nicht schlecht. Drei Wochen lang hat es geregnet. Die Temperatur beträgt null Grad. Und das Übungsgelände, das kennen wir. Fünf mal fünf Kilometer sumpfige Wiesen.

Leichtes Murren steigt auf. »Aber, aber«, knarrt Teck-Teck, »ich kann den Marsch auch unter Gas machen lassen.« Mit Gasmaske marschieren, das will um Gottes willen keiner, also sind alle still.

Teck-Teck hat seinen Namen bekommen, als er einem »Spritzer«, einem frisch zum Grundwehrdienst Eingezogenen, der das erste Mal den großen Flur der Kompanie scheuerte, wütend den Schrubber aus der Hand riss und rief: »Geben Sie her das Ding, so wird das gemacht: teck, teck, teck, teck!«, wobei er mit dem Schrubber hin und her fuchtelte.

Nun ist Teck-Teck fertig, und wir marschieren ab. Dass

wir uns bewegen dürfen, ist ein Geschenk, denn die dutzende Kilo auf dem Rücken pressen die Tragriemen schon jetzt ins Fleisch. Im Stehen hält man es kaum fünf Minuten aus.

Als wir über zwei Stunden gelaufen sind, wird einer von uns blass. Er wird langsamer. Zwei Mann gehen zurück. Der eine hängt sich seine Maschinenpistole um, der andere nimmt einen Teil seines Gepäcks. Der Junge ist fix und fertig.

Er ist nicht der Einzige. Wir alle können kaum noch.

Die Offiziere haben gut daran getan, die dienstjüngeren Soldaten vornweg marschieren zu lassen. Die haben noch Schiss vor den Offizieren und lassen sich von deren Gebrüll einschüchtern. Dabei sind sie genauso fertig wie wir Dienstälteren. Wir hören bei ihnen unseren heißgeliebten Kompaniechef brüllen: »Wenn Sie sich nicht der Marschgeschwindigkeit, die ich Ihnen vorgebe, anpassen, werde ich Sie bestrafen lassen!« Dieses Arschloch. Der läuft ja auch ohne Marschgepäck, MPi, Schutzanzug und das ganze Zeug.

Die vorn werden noch schneller. Sie hasten und hasten. Mein Gott, und es ist noch so weit. Jeder von uns keucht vor sich hin. Alles, was man spricht, nimmt einem Luft weg, die man doch braucht, um nicht ausgepumpt in den angefrorenen Matsch zu fallen. »Gottverdammich«, ringt sich einer von uns hinten ab, »Gottverdammich, langsamer!«

Sonst sagt keiner was. Man hört nur das Klappern der Metallteile, das Keuchen der Lungen und das Stampfen unserer Stiefel. Ein Offizier ist herangekommen: »Sind Se still! Hier wird nicht gesprochen!«

Einige von uns pfeifen. Worte wie »Scheiße« und »Antreiber« werden laut. Wir sind jetzt gereizt, verlieren die Zurückhaltung.

Die Füße in den Stiefeln sind rettungslos nass. Nach einer solchen Tour durch eiskalten Schlamm kein Wunder. Das sollen gute Militärstiefel sein? Der Offizier brüllt: »Ruhe im Glied!« Gelächter: »In unseren Gliedern ist sowieso Ruhe.« So geht das noch eine Weile hin und her. Mein Hintermann flüstert mir zu: »Langsamer werden. Weitersagen!«

Der Abstand zwischen den Zügen der frisch eingezogenen Soldaten und uns wird größer. Unsere Marschordnung beginnt sich aufzulösen. Der Offizier und seine zwei Unteroffiziere eilen nach vorn, als sie merken, dass bei uns eine Stinklaune wächst. Wir, die dritte Gruppe, laufen nun völlig ohne Vorgesetzten.

Langsam geht's uns wieder besser. Komme da, was wolle, so, wie wir jetzt laufen und nicht anders, bringen wir diesen Schindermarsch zu Ende.

Die »Spritzer« oder »Hüpfer«, die frisch Eingezogenen vor uns sind nun fast vierhundert Meter weit weg. Sollen sie doch! Manche von uns haben Wut auf sie und fluchen: »Spritzergeprassel, Kriechtiere!«

Aber als wir erst ein paar Wochen bei der Armee waren, haben wir auch noch nicht so aufgemuckt wie jetzt.

Man macht es sich bequem. Wem die MPi zu sehr in die Schulter drückt, der nimmt sie in die Hand oder hängt sie um den Hals. Ich schnalle mir mein Gepäck zeitweilig vor den Bauch. Alles Dinge, die das Marschieren erleichtern, aber in der Marschordnung verboten sind. Weil die marschierende Truppe ein ordentliches Bild abgeben muss.

Eine halbe Stunde nach den anderen trifft unser Haufen am vorgegebenen Treffpunkt ein. Als wir in den Sichtbereich Teck-Tecks kommen, lässt er die Truppe stillstehen. Uns auch. »In Anbetracht dieser unerhörten Disziplinlosigkeit der dritten Gruppe bestrafe ich diese Genossen mit vier Wochen Ausgangs- und Urlaubssperre. Außerdem werden die Genossen das Vergnügen haben, zwei Wochen lang Klo und Flur morgens und abends zu reinigen. Das wär's. Wegtreten!«

Fünfzehn Minuten Pause. Erschöpft lassen wir uns auf den klitschigen Waldboden fallen, mitsamt unserem umgeschnallten Krimskrams.

Für diesen Tag haben wir als Marschverpflegung bekommen: Ein Stück Brot in Blech eingeschweißt, eine winzige Büchse Bierschinken, ein Päckchen Salz, eine Packung Kekse, Wasserentkeimer und Tee. Ich mache mich über die Kekse her. Als ich die Hälfte der Packung verschlungen habe, kommt das Kommando zum Antreten.

»Jetzt geht die Scheiße wieder los.« Der das sagt, hat sich beim Marsch die Ferse blutig gerieben und stöhnt bei jedem Schritt auf. Wir ziehen ihm den Strumpf aus, das nackte offene Fleisch ist zu sehen, sämtliche Haut ist weg.

»Der soll doch zum Sani gehen«, sagt jemand aus der Gruppe.

Klar, zum Sani. Ich gehe zum Uffz, dem Unteroffizier, dann zum Gruppenführer, schließlich zum Kompaniechef.

»Wie kommen Sie denn auf Saniauto? Wir brauchen doch kein Saniauto. Der Genosse soll sich bei den Übungen ein bisschen zusammenreißen. Wenn das nun ein Ernstfall wäre, was dann?«

Ich komme zurück. »Teck-Teck sagt, der Genosse soll sich zusammenreißen bei den Übungen.« Meine Kumpel blicken verärgert drein. »Schweine!«, sagt einer vor sich hin.

Wenig später jagen wir über den Gefechtsacker. Schützenkette, Schützenreihe. Auf. Nieder. Stellung. Eingraben. Gas. Auf. Marsch, marsch. Tiefflieger. 800 Meter Sumpfwiese. Und das Ganze zurück. Und das Ganze noch mal. Wenn ich mich auf den Boden werfe, kralle ich mich in die Erde und ringe verzweifelt nach Atem. Nur noch zwei Sekunden liegen dürfen in diesem Schlamm. Auf marsch, marsch, zum Sturmangriff.

Nach zwei Stunden ist Normabnahme in Bewegungsarten auf dem Gefechtsfeld angesagt. Fünfzig Meter »Gleiten« in soundso viel Sekunden. Das reinste Schlammbad. Wer es nicht schafft: Bitte sehr, noch einmal, und noch mal und noch mal. Danach die gleiche Strecke mit Ausrüstung und Strecksprüngen. Dann mit einem »Verwundeten« auf dem Rücken.

Und danach dürfen wir uns mit letzter Kraft in das nasse Wäldchen schleppen und Mittag machen.

Dreißig Minuten Pause. Wir ziehen unsere »Kocher« aus dem Sturmgepäck, entzünden eine Spiritustablette, Brennstärke zwei Streichhölzer, und setzen die Wurstbüchse mit etwas hineingebrocktem Brot darauf, um etwas Warmes in die Mägen zu kriegen. Mein Kocher kippt um und fällt in die wenige Zentimeter neben ihm beginnende Pfütze. Verdammter Mist.

Ich sitze da wie ein Kind im Dreck. Ein Offizier stolziert zwischen uns umher: »Na! Erholen Sie sich gut, Genossen Kämpfer!« Das soll wohl eine, na was, eine Aufmunterung sein! Der Spaßvogel.

Nach der Pause geht's wieder rund. Atomschutzanzug an, Gasmaske über. Tausend Meter Geländelauf. Keiner kann mehr. Wir torkeln durch die Wiesen wie eine Horde betrunkener Schmetterlingsfänger.

Zu guter Letzt rennen wir nicht mehr. Wir haben die Schnauze voll und gehen das restliche Stück. Womit wir uns einhandeln, dass wir die ganze Sache noch einmal machen dürfen. »Bei Befehlsverweigerung Militärgericht!«, schreit der Offizier. Das spornt natürlich an. Also los, schön langsam, aber so, dass es einem Dauerlauf immer noch ähnelt. Wir überstehen es und dürfen uns in eine entfernte Ecke der Wiese verziehen, um da eine Stellung zu beziehen. Wir gehen davon, Platzpatronen um uns schießend. Wir sollen uns durchkämpfen, uns einigeln, hat Teck-Teck gesagt.

Kaum haben wir die »Stellung« bezogen und uns auf ein paar trockene Äste wie Vögel zum Ausruhen gelegt, da sehen wir graue Wolken auf uns zutreiben. Teck-Teck verschießt Tränengas in unsere Richtung. Also Gasmasken auf und weiterdösen.

So liegen wir im vorbeiziehenden Gas und träumen vor uns hin.

Was machen, wenn es nach der Urlaubssperre den nächsten Ausgang gibt? Einmal jede Woche einen Nachmittag. Die nette junge Frau besuchen, die von letztem Monat, in der Eisbar, die mir ihre Adresse gegeben hat? Muss ich erst einen Brief schreiben? Ich ziehe mein Notizheft aus dem Tornister, aber dann schreib ich doch keinen Brief, sondern ein paar Zeilen für ein Gedicht über die Armee.

Am späteren Nachmittag, als es allmählich dunkel wird, finden wir uns alle im Wäldchen ein. Waffen putzen steht auf dem Programm. Dann sollen wir aus den um unser Sturmgepäck geschnallten Planen Zelte für die Nacht bauen. Nach Vorschrift. Die Zelte stehen binnen kurzer Zeit, es fehlen nur noch die Böden. »Böden gibt's nicht«, erfahren wir vom Offizier, den wir danach fragen. Auf dem halbgefrorenen, glitschigen Boden schlafen.

Auch nicht übel.

Am anderen Ende des Wäldchens sind inzwischen wunderliche Dinge geschehen. Zwei Lastkraftwagen haben Steilwandzelte gebracht. Ein Dieselaggregat tuckert. Der Schreiber der Kompanie läuft geschäftig mit weißer Schürze hin und her, Kaffeefilter schwenkend. Die Zelte erhalten weiße Einknüpfungen. Über den Zeltboden rollen einige Soldaten erst Plastefolie, dann obendrauf noch rote Läufer. Nobel, nobel! Nun werden die Betten aufgestellt. Auch das sehr gepflegt: weißes Bettzeug, elektrische Nachttischlämpchen. Alsbald klappern Bierkästen, Warmluftgebläse summen ihr lustiges Lied. Alkoholgenuss ist verboten im Dienst? Junge,

Junge, hier lernst du das Staunen. Die Dienstvorschriften der NVA gelten nicht für alle.

Auch für uns ist nun Abendessen angesagt. Kocher mit Tabletten wieder ins Moos. Kekse und Salz in den Tee, ein Breichen gemacht. Schmeckt wie Leim, ist aber warm.

Bald ist es völlig dunkel. Bei den Offizierszelten leuchten die elektrischen Lampen auf. Wir aber ziehen wieder in den Kampf, der diesmal Nachtangriff heißt. Wieder stolpern wir über die Wiesen und ballern mit Platzpatronen. Tränengasgranaten werden hin und her geworfen. Einer packt eine Tränengasgranate, die gerade zwischen uns landet, und schleudert sie in Richtung Offizierszelte. Trifft auch prompt den Eingang. Keuchend und hustend kommen die drei führenden Offiziere der Einheit heraus. Zwei von ihnen in Unterwäsche. Was haben die da drin gemacht? Geschlummert? Oder? Wer das gewesen sei, wollen sie wissen. Keiner weiß von etwas. Auch die Unteroffiziere halten dicht.

Gegen null Uhr haben wir Ruhe. Der Kompaniechef wünscht uns »Gute Nachtruhe« und verschwindet in seinem geheizten Zelt. Schöne sozialistische Armee. Wahrscheinlich nimmt er an, dass wir uns nun in den Schlamm legen und vom nächsten Ausbildungstag träumen.

Falsch. Wir machen etwas ganz anderes. Wir machen uns ein Feuerchen. Uns ist hundekalt. Als das Feuer brennt und das Stimmungsbarometer steigt, tritt Teck-Teck aus seinem Kaiserzelt und verkündet: »Sofort das Feuer aus! Wohl dem Feind noch Zeichen geben, was? Und die feindliche Luftaufklärung! Sie haben wirklich nichts in Ihren Schädeln. Los! Feuer ausmachen, hab ich gesagt!«

Murrend löschen wir das Feuer. Der Kompaniechef geht den von vielen Elektrolampen erleuchteten Weg zum Offiziersklo, das einige Soldaten eigens für diese Nacht zimmern mussten. Soldaten und Unteroffiziere haben auf diesem Klo natürlich nichts zu suchen.

Wir hocken im Dunkeln in der nassen Kälte. Es sind vier Grad minus. Noch ein paar Stunden, dann beginnt der nächste Ausbildungstag. Mit dem Kommando: »Nachtruhe beenden!«

Die Verhaftung

Frühlingsanfang 1977. In diesem Jahr werde ich aus der Armee entlassen. Noch rund 180 Tage, dann ist es so weit. Endlich. Fast ebenso viele Tage sitzen meine Bekannten Kuno Christian Kunert und Gerulf Pannach und viele andere nun schon bei der Stasi im Gefängnis, verhaftet im Herbst 76 nach Biermanns Ausbürgerung. Damals in den turbulenten Wochen des Herbstes hatte ich damit gerechnet, sie würden nun auch mich holen. Aber sie holten mich nicht.

Sie verhafteten nur draußen, im Zivilleben. Beschützte mich die Kaserne? Allmählich ging ich wieder aus der Deckung, nahm die Gitarre und ging nach Dienstschluss in die Kompanieclubs der Kaserne, um zu singen, Texte vorzulesen, Lieder und Gedichte unters NVA-Volk zu bringen.

Das war nicht einfach, ich musste geschickt sein und den Zeitpunkt abpassen, zu dem nach Dienstschluss außer dem Offizier vom Dienst, dem OvD, keine weiteren Offiziere mehr in der Einheit, sprich in der Etage, in deren Versammlungsraum ich auftreten wollte, herumgeisterten. Der Flur der entsprechenden Kompanie musste sauber sein, kein OvD, und möglichst keine UvDs, keine Unteroffiziere vom Dienst, oder nur solche, von denen ich wusste, dass sie mich nicht sofort denunzierten.

Nach den ersten beiden Songabenden in den Kompanieclubs rechnete ich mit dem Schlimmsten, aber es ging gut. So sah die Situation Anfang März aus. Ich glaubte, dass ich die Ausnahme sei, dass ich noch einmal davongekommen sei.

Aber ich war nicht davongekommen.

An einem Montag im März wurde ich aus dem Armeelazarett entlassen. Bei einem Schießen mit scharfer Munition hatte ich zu dicht neben einer Panzerfaust gelegen. Anschließend war ich taub. Ich sah die Soldaten links und rechts neben mir aufspringen, nach vorn laufen und schießen, ich sah einen Offizier vor mir gestikulieren, aber ich hörte nur ein hohes Pfeifen. Fast sieben Wochen hing ich im Lazarett am Tropf. Nachdem ich wieder in der Kaserne bei meiner Kompanie angekommen war, schaute ich als Erstes in der Bataillonsbibliothek vorbei. Die Bibliothek, von Soldaten verwaltet, war Treffpunkt für kulturell und politisch Interessierte.

Sie wurde von Soldat Ulrich Heiter geleitet, der in dem geistig trüben Kommiss-Einerlei der Kaserne eine Diskussionsrunde organisiert hatte, in der über Bücher und Politik gesprochen wurde, ein Lichtblick in der Einöde.

Ich traf einige Soldaten in der Bibliothek, bei ihnen saß einer, der schon mehrfach damit kokettiert hatte, ein Stasispitzel zu sein. Einmal hatte ich mich beim Ausgang mit ihm getroffen und fürchterlich betrunken, und im Suff hatte er durchscheinen lassen, er arbeite für die Stasi. Er würde das machen, weil er auf diese Weise Macht über Menschen habe. Ich hatte ihm damals kein Wort geglaubt, aber sozusagen jede einzelne Äußerung. Mit anderen Worten, ich hielt alles für möglich.

Als ich mich in der Bibliothek zu ihm an den runden Büchereitisch setze, beugt er sich vor und flüstert, er müsse mich unbedingt unter vier Augen sprechen. Widerwillig erhebe ich mich wieder und gehe mit ihm vor die Tür.

Unten im Zimmer von Leutnant Letusch, dem offiziellen Stasioffizier des Bataillons, habe er Fotokopien meiner Gedichte aus meinem Spind liegen sehen. Da sei etwas im Busch. Ich solle vorsichtig sein.

»Ach was, das sind doch Hirngespinste, das nehm ich dir nicht ab. Du willst dich nur wieder wichtigmachen. Wenn die gewollt hätten, wäre ich doch längst weg.«

Allzu viel angstvolle Tuschelei nervt mich.

»Doch, die reden andauernd über dich«, bekräftigt er.

Zurück oben auf der Etage meiner Kompanie, entdecke ich auf der offiziellen Mitteilungstafel mit Kreide geschrieben meinen Namen und die meiner vier engsten Kumpel: MORGEN BESENKOMMANDO. WECKEN EINE STUNDE VOR NORMAL. ABMARSCH DREISSIG MINUTEN SPÄTER.

In Ordnung, Entwarnung. Besenkommandos sind bei der NVA meist ruhige Tage, oft auch heimliche Schlaf- oder Biertrinkkommandos.

Am nächsten Morgen marschieren wir zu fünft in Dienstuniform mit geschulterten Besen unter dem Befehl unseres Hauptfeldwebels zum Fegen in die benachbarte NVA-Kaserne Leipzig-Viertelsweg, die fünfhundert Meter von unserem »Objekt« entfernt liegt.

Im Viertelsweg angekommen, lautet die Ansage des Hauptfeldwebels: »Jetzt wird groß reinegemacht!«

Er lässt uns in eine muffige, von Garagen umgebene Ecke marschieren, in der es absolut nichts zu kehren gibt. »Halt! Rührt euch!«, kommandiert er und verschwindet in einem Nachbarhof. Von dort hören wir Autos und schlagende Türen. Der Spieß kommt zurück und befiehlt uns, im Gleichschritt dorthin zu marschieren. Als wir in den Hof einbiegen, sehe ich zwei schwarze Limousinen, sowjetische »Ladas«, vor denen ein Rudel Offiziere steht. Darunter befindet sich auch Oberst Fürst, einer der befehlenden Offiziere des Leipziger Generalstabs und Kommandeur auch unserer Kaserne.

Er knetet seine Finger und streicht sich über sein glänzendes, frisch rasiertes Kinn. Die anderen Offiziere kenne ich nicht. Unser Spieß lässt uns vor den Offizieren haltmachen und strammstehen. Vor uns hin tritt der Oberst, er räuspert sich: »Genossen Soldaten! Ist unter Ihnen ein Genosse Soldat Sallmann?«

»Zu Befehl, hier, Genosse Oberst«, melde ich mich vorschriftsmäßig. Fürst senkt seine Augen und schluckt, bevor er weiterspricht. »Genosse Soldat«, sagt er mit leiser, fast unmilitärischer Stimme, »hier ist ein Genosse Major, der wünscht Sie zu sprechen.« Dabei zeigt er auf einen Major mit der Waffenfarbe der Artillerie, der neben den Limousinen steht. Plötzlich strafft sich der Oberst und kommandiert streng: »Genosse Soldat Sallmann, vortreten zum Genossen Major!«

Ich stiefele auf den Major zu, mache vor ihm Männchen und melde, wiederum vorschriftsmäßig: »Genosse Major, Soldat Sallmann wie befohlen zur Stelle!«

Der Major der Artillerie lächelt und öffnet die Tür einer der beiden Wagen: »Soldat Sallmann, wir benötigen Sie zur Klärung eines Sachverhaltes. Steigen Sie in den Wagen.«

Ich schaue den Genossen Oberst an.

Der blickt hilflos zurück. Der Artillerie-Major macht eine energische Bewegung mit dem Kopf Richtung offener Autotür.

»Zu Befehl, Genosse Major!« Ich brülle es fast. Aber wohin mit dem Besen, den ich immer noch in der Hand halte?

»Soldat Sallmann!« Der Major wird laut.

Ich muss gehorchen. Ich gehe einen Schritt auf den Oberst zu, strecke ihm militärisch meinen Besen entgegen und knalle die Hacken zusammen. Der erstaunte Oberst nimmt mir den Besen ab, ich drehe mich auf dem Absatz herum, knalle abermals die Hacken zusammen und steige steif ins Auto.

Auf die hintere Sitzbank. Auf der Außenseite sitzt ein Leutnant, ebenfalls Artillerie. Er würdigt mich keines Blickes. Der dickliche Major zwängt sich neben mich und ich bin eingekeilt zwischen den beiden. Kaum hat der Major die Tür zugeschlagen, fährt der Wagen los. Ich kann gerade noch einen Blick auf meine Soldatenfreunde werfen. Mit gesenkten Köpfen und bleichen Gesichtern stehen sie da. Der andere schwarze Lada folgt uns.

Zunächst geht die Fahrt auf die Autobahn in Richtung Halle. Langsam, ganz langsam beginnt mein Hirn wieder zu arbeiten. Klärung eines Sachverhaltes? Wo wird denn der geklärt?

Die Gedanken jagen sich. Was können sie von dir wissen? Die Veranstaltungen bestimmt. Welche Gedichte habe ich wem gegeben oder geschickt? Wie viel wissen sie von den Auftritten in der Kaserne?

Im Auto Schweigen. Ich vermute, dass sie mich nach Halle in die Militärstaatsanwaltschaft des Militärbezirks DDR-Süd fahren und mich über meine Beziehungen zu Fuchs, Pannach und Kuno ausfragen. Doch der Wagen biegt auf die Autobahn nach Berlin ab. Nach stundenlanger Fahrtzeit lese ich ein Schild am Rande der Betonpiste: Heilstätten Beelitz. Abfahrt dreihundert Meter. Mir kommt ein miserabler Gedanke in den Kopf. Um Gottes willen, die wollen dich ins Irrenhaus stecken!

Ein Felsbrocken rollt mir vom Herzen, als wir an der Abfahrt zu den Heilstätten vorbeibrausen.

Die Stasioffiziere, mit denen ich es ohne Zweifel zu tun habe, schweigen weiter. Nur einmal spricht der Major mit dem Fahrer des Wagens: »Wenn Sie heute Abend wieder runterfahren, nehmen Sie doch bitte gleich die anliegende Post mit.«

Ein Hoffnungsschimmer. Vielleicht fahre ich auch mit zurück? Vielleicht wird wirklich nur ein Sachverhalt geklärt? Eine Zeugenbefragung. Weiter nichts. Aber warum dann dieser Aufwand?

Wir nähern uns Berlin. Ein Schild am Rande der Autobahn weist mich darauf hin: Willkommen in Berlin. Dann noch eines. Da lacht der Bär – in Berlin, da ist was los. Bunte Veranstaltungsreihe.

Während der Fahrt habe ich den Major mehrmals von der Seite gemustert. Beim ersten Mal blickt er kurz zurück, reißt dann aber den Kopf mit einem Ruck herum und stiert dem Fahrer weiter ins Genick. Der andere, der Leutnant, schaut chronisch zum Fenster hinaus. Wenn er doch einmal ins Innere des fahrenden Autos schaut, sind seine Augen ganz ruhig. Auf seiner Stirn bilden sich keine Schweißtröpfchen, wenn ich ihn ab und zu anblicke, nichts, er ist ein Neutrum, kalt. Wir rollen übers Adlergestell. Dann in die Hohenschönhausener Straße, das lese ich im Vorbeifahren. Aha, also Hohenschönhausen. Jetzt bin ich dran. Jetzt ist es so weit. Der Wagen biegt in eine holprige Nebenstraße ein. Am Ende der Straße erkenne ich einen rot-weißen Schlagbaum. Vorm Schlagbaum halten wir, die Offiziere ziehen schmale Ausweise in dunkelbraunen Futteralen aus den Taschen, die Jacke des Majors verrutscht und ich kann für einen kurzen Moment die um die Hüfte geschnallte Pistole sehen.

Ein Posten kontrolliert, der Schlagbaum schwenkt hoch. Der Wagen rollt im Schritttempo auf eine enorm hohe Mauer zu, deren Sims mit einem Wirrwarr von elektrischen Drähten und einzementierten Glassplittern versehen ist. Vor einem mächtigen Stahltor hupt der Fahrer einmal kurz, einmal lang. Das Tor schiebt sich rasselnd beiseite. Zwei uniformierte Posten mit Schaftstiefeln und Maschinenpistolen an den Hüften erscheinen. Wieder zeigen die Stasioffiziere ihre Ausweise, die an der Kleidung mit Kettchen befestigt sind. Weiter geht's. Der Wagen macht eine scharfe Linkskurve und hält vor einem Gebäude, das wie ein Kulturhaus mit Gitterschmuck aussieht. Der Major steigt aus. Zu mir sagt er knapp: »Bleiben Sie erst mal sitzen.« Er verschwindet in dem Haus.

Sekunden später steigt er wieder ein und wir fahren im Schritttempo weiter. Links und rechts hohe Mauern, ganz vorn wieder ein Stahltor, das sich aufschiebt, in dem Gebäude, an dem wir vorbeifahren, sehe ich Fensteröffnungen, die mit Glasziegeln zugemauert sind. Nur oben ist ein dünner Schlitz gelassen worden. Vor den Glasziegeln ist ein Gitter angebracht.

Der Wagen ist bis ans nächste Stahltor herangefahren. Aus einer Tür treten drei Uniformierte und zwei Männer in blauen Nylonkitteln. Der Major steigt mit Schwung aus und macht eine höhnisch-höfliche Geste: »So, Genosse Soldat, wir sind am Ziel unserer Reise!«

Umringt von den Uniformen und den Blaukitteln laufe ich einen Flur entlang, auf dem ein schwerer roter Läufer liegt. Links und rechts gepolsterte Türen. Ich gehe wie im Traum. Dann durch eine Polstertür in einen kahlen Flur. Hier entlang! Stehen bleiben! Jetzt gehen! Ein Blaukittel führt das Wort. Er lotst mich in einen winzigen Raum, in dem ich mich hinter einer Barriere ausziehen muss. Uhr, Geld, Brieftasche, Kamm, alles wird mir abgenommen. Auf Anweisung des Blaukittels ziehe ich mir die Arschbacken auseinander. Er guckt mir in den Hintern. Dann Vorhaut zurück. »Haben Sie Zahnprothesen?«

»Nein.«

»Gut. Dann unterschreiben Sie hier über die Abgabe Ihrer Gegenstände. Wann wurden Sie verhaftet?«

Verhaftet?

»Ich bin zur Klärung eines Sachverhaltes, denke ich …«

Der Blaukittel ist sichtlich gelangweilt: »Bitte, wenn Sie es so wollen …«

Ich quittiere den Empfang von Haftkleidung, Socken, Unterwäsche und Pantoffeln. Währenddessen steht an der Tür ein Uniformierter, ein Soldat, fast noch jünger als ich. Was mag er wohl denken?

Drei Uniformierte bringen mich durchs Gebäude. Eine Stahltür wird aufgeworfen, dann sehe ich einen langen

Gang, Zellentüren, nichts als Zellentüren. An den Wänden Drähte. Wo ich mit meinen Bewachern entlangkomme, blinken rote Lampen. An jeder Ecke muss ich an einem weißen Strich warten, einer der Uniformierten geht vor, blickt um die Ecke und sagt dann: »Komm Se.«

Es geht in den zweiten Stock hinauf. Im Treppenhaus, das mit Netzen ausgespannt ist, passiert eine Panne: Während wir die Treppe emporsteigen, wird oben auf dem Treppenabsatz eine Tür aufgeschlossen und ein Uniformierter, der wahrscheinlich einen Häftling bei sich hat, läuft meinen Bewachern in die Quere. »Tür zu! Zurück und Tür zu!«, kreischt einer aus meinem Bewachertrupp, während ein anderer mich zur Wand zerrt.

Und schon ist alles vorbei.

Wir laufen weiter, auf eine graue Tür zu, die von einem strammen Uniformierten bereits aufgehalten wird. »Hier rein!« Die Tür wird hinter mir zugeworfen. Innen ist sie mit Stahlblech verkleidet. Zwei Riegel werden krachend vorgelegt, der Schlüssel lärmt im Schloss.

Es ist eine Einzelzelle.

Eine Klappe in der Tür geht auf, jemand legt ein schmutziges, abgegriffenes Heft auf den Rand. Die Anstaltsordnung. Ich komme nicht dazu, sie mir zu Gemüte zu führen, denn gleich darauf wird die Tür wieder geöffnet. Zwei Posten mit Waffen bringen mich durch das Gewirr von Gittern, Netzen und rot blinkenden Lampen. Man hört nur das Klacken der Stiefel und das Klirren der Schlüssel, sonst ist alles still. Hinter den Reihen der grauen Türen nicht ein einziger Laut.

Die Gittertüren, wenn sie hinter mir ins Schloss geworfen und abgeschlossen werden, scheppern, es hallt durch die Gänge.

Sie bringen mich offenbar in einen anderen Gebäudeteil. Nun wieder Polstertüren, Kokosläufer auf dem Mittelgang, an den Türen Nummern. Wir machen vor der Nummer 752 halt.

»Stehen bleiben! Gesicht zur Wand!« Einer der Posten klopft und öffnet, ohne zu warten. »Gehen Sie rein!«

Ich betrete ein normal hässliches Bürozimmer mit Konferenztisch, Schreibtisch, Aktenschränken. Aber Gitter vor dem Fenster. Hinter dem Schreibtisch sitzt ein dünner Mann mit dunkler, dickrandiger Brille, Zigarette rauchend. Drahtiges Haar. Ungesunde Hautfarbe. Zivilklamotten.

»So, Herr Sallmann, nehmen Sie Platz.« Er weist auf den Stuhl vor seinem Schreibtisch.

»Sehen Sie, jetzt kommen wir uns endlich näher. Wir kennen uns nämlich schon lange. Sie uns natürlich nicht, aber wir Sie. Sie haben doch sicher mit uns gerechnet?«

Ja, ich habe mit ihnen gerechnet. Aber ich gehe nicht auf seinen Ton ein, sondern verlange Aufklärung darüber, weswegen man mich von meiner Einheit weg hierhergebracht hat und was sie von mir wollen. »Wer sind Sie überhaupt?« Ich brülle es fast.

»Ich bin Oberleutnant des Ministeriums für Staatssicherheit. Sie sind hier in der Haftanstalt der obersten Untersuchungsbehörde unseres Ministeriums. Ich bin ab jetzt sozusagen Ihr Betreuer, Ihr Vernehmer. Gegen Sie ist Haftbefehl erlassen worden. Man bringt Sie jetzt zum Untersuchungsrichter, der Ihnen den Haftbefehl verlesen wird.«

Ich werde einige Treppen tiefer gebracht. Ein blasser Typ in der Uniform eines Majors der Artillerie verliest mir mit vor Müdigkeit oder Langeweile fast versagender Stimme, der Generalstaatsanwalt der DDR habe Haftbefehl gegen mich erlassen wegen dringenden Verdachts der Verletzung des § 106 des Strafgesetzbuches der DDR, staatsfeindliche Hetze in Form des Verbreitens und Verfassens von Liedern und Gedichten mit feindlich-negativem Inhalt und damit verbundener Gefahr der Aufwiegelung der Bevölkerung. Eine

Sekretärin tippt gelangweilt meinen Widerspruch. Ich unterschreibe meinen Widerspruch. Dann bringen mich die Posten zurück zum Dunkelbebrillten.

Kaum habe ich mich gesetzt, geht die Tür erneut auf. Der Oberleutnant springt hinter seinem Schreibtisch hoch und steht stramm. Der da in Uniform hereinkommt, ist ein hohes Tier, ein Oberstleutnant, sehe ich an seinen Schulterstücken. Das hohe Tier winkt ab und setzt sich in einen Klubsessel an der Wand gegenüber. Der Oberstleutnant ist ungefähr fünfundfünfzig Jahre alt, vielleicht auch älter. Bulliger Mann, Typ harter Funktionär. Jedenfalls harter Ausdruck im Gesicht. Der ist entschlossen. Zu allem?

Ich zittere. Ich möchte nicht zittern, aber ich kann es nicht unterdrücken.

»Sie sind ja ziemlich aufgeregt«, stellt der Dunkelbebrillte fest. »Ich verstehe das schon. Aber in den nächsten Wochen und Monaten werden Sie sich schon an die neue Umgebung gewöhnen. Sie haben es ja auch in der letzten Zeit nicht gerade leicht gehabt. Die Trennung und so weiter. Das werden wir bei der Untersuchung Ihrer Verbrechen sicher berücksichtigen.«

»Welche Verbrechen denn?«, frage ich. »Meinen Sie meine Verse?«

Der Dunkelbebrillte sagt: »Wenn Sie in Ihren Schreibereien zum Sturz der Arbeiter- und Bauernmacht hetzen, sind das Verbrechen. Oder glauben Sie, diese Schmierereien seien etwas anderes?« Er lacht auf und blickt um Zustimmung heischend zum hohen Tier.

»Das sind nichts weiter als literarische Versuche, literarische Texte, die vielleicht auch eine Portion Kritik enthalten«, sage ich, verunsichert und zurückgenommen.

Das hohe Tier schreit ohne Vorwarnung: »Kritik! Kritik! Höre ich richtig? Kritik? Staatsverbrechen, mein Lieber! Und jetzt kriegen Sie die Rechnung!«

Ostkreuz

Es ist Mai, ein Mittwoch, früh, kurz nach neun, ich bin vom Läufer zum Vernehmer gebracht worden. Nach meinem Eintreten hat er mir ohne Gruß bedeutet, auf dem Stuhl vor seinem Schreibtisch Platz zu nehmen, wie immer.

»Heute arbeiten wir weiter, an drei Texten, die nach unserer Auffassung strafrechtlich relevant sein könnten«, sagt er. »Die Texte tragen die Überschriften ›Erfroren‹, ›Tramperromanze‹ und ›Ostkreuz‹. Sind Ihnen diese Texte bekannt?«

»Klar, das sind Texte von mir.« Erstaunt bestätige ich, denn »Erfroren« ist ein poetisches Gedicht, ein Versuch eines Stimmungsbildes, vielleicht etwas verschlüsselt, aber kein direkter Angriff auf Verhältnisse in der DDR, auch keine Satire, keine Kampfschrift, und die Tramperromanze, das ist ein Liebeslied, ein Lied eben übers Trampen in der DDR, auch nichts wirklich Dissidentisches. Und »Ostkreuz« ist ein kleiner kritisch-moralischer Achtzeilentext über Karrierismus in der DDR, den die FDJ-Zeitschrift »Junge Welt« abgedruckt hat.

Was wollen die denn mit diesen Texten?

Der Vernehmer reicht mir Kopien der Texte herüber. »Na?«

Ich lese und sage noch einmal: »Ja, das sind meine Texte.«

»Sie bestätigen also, dass Sie der Urheber der Texte sind?«

»Ja, das tue ich«, sage ich.

Der Vernehmer nimmt seinen Füllfederhalter, er sagt laut, damit ich widersprechen oder richtigstellen kann: »Dann formuliere ich, der Beschuldigte bestätigt, dass er der Urheber der Texte ›Erfroren‹, ›Tramperromanze‹ und ›Ostkreuz‹ ist. Korrekt?«

Ich nicke.

Er schreibt den Satz auf.

»Wie und wann ist es zur Niederschrift der Texte gekommen?«

Der Vernehmer blickt mich an. Ich blicke an ihm vorbei. Es wird ein langweiliger Tag werden. Wir sind in den letzten Wochen schon über achtzig Gedichte durchgegangen, ich weiß mittlerweile, wie das läuft.

Ich sage: »Zur Niederschrift der Texte kam es zu unterschiedlichen Zeitpunkten. Bei ›Erfroren‹ saß ich zu Hause, es war Winter, und ich blickte durch das Küchenfenster nach draußen ins Schneetreiben.«

»Sie wollen zum Ausdruck bringen, dass der Grund für die Niederschrift von ›Erfroren‹ in einer Stimmungslage liegt?«

»Ja, so könnte man sagen.«

»Zu welcher Zeit erfolgte die Niederschrift?«

»Ich glaube eher abends, mit einem Glas Rotwein …«

»Das meine ich nicht. Nennen Sie uns einen kalendarischen Zeitraum.«

»Ach so. Na, ich glaube, es war so vor zwei Jahren, also 1975.«

»Glauben Sie das, oder wissen Sie das?«

»Ich glaube, es zu wissen.«

Der Vernehmer nimmt seinen Füllfederhalter und sagt: »Dann formuliere ich, der Beschuldigte erinnert sich, den Text aus einer Gemütslage heraus im Jahr 1975 zur Niederschrift gebracht zu haben.«

Er schreibt den Satz. Dann fragt er: »Um welche Art Gemütslage handelte es sich?«

Tja, das weiß ich nicht mehr. Ich lese mir den Anfang des Textes noch einmal durch:

Erfroren

Eisschwere Nacht.
Das Mondtier hängt satt
zwischen Schornsteinen
im Fenster.

Vom Eis ein Stück
steckt in meinem Herz.
Es trägt in den Traum mir
Gespenster (…)

Ich sage: »Na ja, wahrscheinlich eher eine melancholische oder traurige Gemütslage, wahrscheinlich spielte ein Beziehungsstreit mit hinein …«

Der Vernehmer setzt den Füllfederhalter an: »Ich formuliere, der Beschuldigte gibt weiter an, dass diese Gemütslage von privaten, negativen Gefühlen bestimmt war.«

»Welchen Personen haben Sie den Text zugängig gemacht, weitergegeben oder den Text in anderer Weise veröffentlicht?«

»Der Text ist nicht veröffentlicht worden, leider. Niemand wollte ihn drucken, bisher.«

Der Vernehmer nimmt seine dunkle Brille ab: »Wenn Sie einen Text aus der Hand geben, an eine weitere Person außer der Ihren gewissermaßen, dann gilt das nach den Gesetzen der DDR als veröffentlicht. Ich wiederhole meine Frage: In welchem Maß erfolgte die Veröffentlichung des Textes ›Erfroren‹?«

Ich antworte: »Ich gab den Text an einige Freunde weiter und ich bot ihn zusammen mit anderen Texten verschiedenen Zeitungen und Zeitschriften und auch Buchverlagen an.«

Der Vernehmer sagt wieder an, was er aufzuschreiben gedenkt, er schreibt und fragt: »Um welche Freunde und Verlage handelt es sich? Nennen Sie Namen, Adresse und Funktionen.«

»An welche Freunde ich den Text gegeben habe, weiß ich nicht mehr, aber ich glaube, mich zu erinnern, den Text zusammen mit anderen an den Mitteldeutschen Verlag Halle und den Aufbau-Verlag geschickt zu haben.«

»Was war der Zweck der Veröffentlichungen?«

Ich rutsche auf dem Stuhl hin und her. Mir ist langweilig.

»Der Zweck der Veröffentlichungen war, den Text von einem Verlag veröffentlichen zu lassen.«

Der Vernehmer stutzt: »Sie meinen, den Text drucken zu lassen?«

»Ja, das war meine Absicht.«

»Warum wollten Sie den Text ›Erfroren‹ drucken lassen?«

Ich zucke mit den Schultern: »Ich wollte ihn der literarischen Diskussion stellen, vielleicht auch ein kleines Honorar ...«

Der Vernehmer nimmt den Füllfederhalter. »Dann formuliere ich so ...«

Er formuliert, er schreibt. Er fragt wieder: »Was bezweckten Sie mit der Formulierung im dritten Vers, Zitat, ›dass nicht mein Herz sich voll Aufruhr gebärde‹? Wozu wurde insbesondere das Wort ›Aufruhr‹ verwendet?«

Ich nehme das Blatt und lese den Schluss des Gedichts:

(...) Frost wacht im Raum
darüber dass nicht
mein Herz sich voll Aufruhr
gebärde.

Eine Rabe im Schlaf
die Wahrheit auskrächzt.
Da fällt er erfroren
zur Erde.

»Weil«, sage ich, »das ganze Gedicht eine Winter- und Seelenmetapher ist. Der Frost, die Kälte, das Erstarren und so, das verhindert, dass sich das Innere des Ich-Erzählers gegen Kälte und Winter auflehnt. Reicht Ihnen das?«

Die Augen des Vernehmers zeigen ein leicht triumphierendes Leuchten.

»Na also, jetzt kommen wir der Sache schon näher. Anders, als Sie soeben ausgesagt haben, handelt es sich bei dieser Textstelle also nicht um die Wiedergabe persönlicher Befindlichkeit, sondern um eine feindlich-negative Darstellung der gesellschaftlichen Wirklichkeit in der Deutschen Demokratischen Republik. Sie bezeichnen die Wirklichkeit in der DDR und die Machtverhältnisse in ihr als, Zitat, ›Frost, der im Raum wacht‹, und der sie daran hindert, ungebremst, wieder Zitat, ›Aufruhr‹ zu verkünden. Also Sie rufen zur Veränderung der gesellschaftlichen Verhältnisse mittels Aufruhr auf. Nehmen Sie zu den Vorwürfen des Ermittlungsorgans Stellung!«

Ach, daher weht der Wind. War ja zu ahnen.

Ich sage: »Ich formuliere wie folgt: Den Vorwurf des Ermittlungsorgans, ich würde die Verhältnisse in der DDR als ›Frost‹ bezeichnen und dagegen Aufruhr verkünden, kann ich nicht nachvollziehen, ich weise ihn deshalb zurück. Hätte ich die DDR-Verhältnisse als ›Frost, der im Raum wacht‹ darstellen wollen, so hätte ich andere, klarere Sprach-Bilder benutzt. Ich wiederhole, dass es sich um einen poetisch-melancholischen Text handelt, geschrieben aus einer persönlichen Situation heraus.«

Der Vernehmer nimmt den Füllfederhalter und sagt: »Ich schreibe nieder: Der Beschuldigte äußert sich zu den Vorwürfen des Ermittlungsorgans dahingehend, dass er bestreitet …«

Ich gähne. Es ist anstrengend und zäh.

Jetzt legt der Vernehmer den Füller weg, nimmt das Blatt

mit dem Gedicht und liest laut vor: »Eine Rabe im Schlaf / die Wahrheit auskrächzt. / Da fällt er erfroren / zur Erde. Wollen Sie etwa behaupten, wer bei uns in der DDR die Wahrheit ausspricht, erfriert und fällt tot vom Baum?«

Ich sage: »Man kann auch tot vom Baum fallen, ohne die Wahrheit auszusprechen.«

Der Vernehmer sagt: »Äußern Sie sich nur zum Tatvorwurf.«

Ich sage: »Ich bestreite, mit der genannten Textstelle zum Ausdruck bringen zu wollen, wenn ein Rabe in der Deutschen Demokratischen Republik die Wahrheit ausspricht, fällt er tot vom Baum. Vielmehr stand bei mir im Vordergrund, dass mir das Reimpaar ›gebärde – Erde‹ ganz gut gefiel. Es handelt sich um einen metaphorischen Raben auf einem metaphorischen Baum.«

Der Vernehmer greift zum Füllfederhalter.

Ich kenne seine Bewegungen, ich kenne das Zimmer, das ganze Spiel, es ist grau, so grau.

Geradezu kurios wurde es in den letzten Wochen bei Gedichten, hinter denen sie finstere politische Absichten vermuteten, aber bei mir auf Ahnungslosigkeit stießen, weil von mir ganz andere Textaussagen bezweckt worden waren. Dem strengen Vernehmerblick blieb nichts verborgen, auch nicht das Gedicht »Benzin und Blüten«:

Die Juninacht sticht ins Gemüt,
vom Herz die Sehnsucht flattert,
sie fliegt zu einem Güterzug,
der fern die Nacht durchrattert,

hockt sich in einen Frachtwaggon
weiß auf die schwarze Kohle,
die Träume laufen über, dass
ich die Gitarre hole.

Ich mach das Fenster auf und sing
und riech Benzin und Blüten.
Poetisch surrt ein Leitungsdraht,
ein Wetter zuckt im Süden.

Zu diesem Gedicht fragte mich der Vernehmer: »Was meinen Sie denn mit ›Süden‹?«

Ich, verständnislos: »Na, Süden!«

Er: »Nee, nee, nicht rausreden. Warum zuckt das Wetter im Süden?«

Ich: »Na, weil sich's reimt auf ›Blüten‹!«

Er: »Das ist doch gelogen! Weil Sie mit ›Süden‹ in Wahrheit Prag 68 in der ČSSR meinen!«

Darauf war ich gar nicht gekommen.

Stunden später ist der Text »Tramperromanze« dran.

Der Vernehmer fragt: »Was wollten Sie mit folgenden Textzeilen zum Ausdruck bringen: … an Fernstraßen, an Wegen, an mancher Autobahn / standen sie, grauem Alltag zu entfliehen …? Wollten Sie aussagen, dass der Alltag in der DDR ›grau‹ ist? Und wenn, warum?«

Ich sage: »Ja, ich wollte aussagen, Alltag ist oft grau. Es gibt ja auch das Sprichwort vom grauen Alltag.«

Der Vernehmer nimmt den Füllfederhalter: »Der Beschuldigte gibt zu, dass er den Alltag in der Deutschen Demokratischen Republik als ›grau‹ darstellen und so die sozialistische Wirklichkeit herabwürdigen wollte.«

Ich sage: »Ich protestiere. Den DDR-Alltag wollte ich nicht herabwürdigen, sondern nur als grau bezeichnen.«

Der Vernehmer blickt mich verständnislos an: »Na, das ist doch die Herabwürdigung, den Alltag in unserem Land öffentlich als grau zu bezeichnen. Aber bitte, wie Sie wollen.«

Er setzt neu an und sagt: »Ich formuliere, der Beschuldigte widerspricht jedoch der Auffassung, die Bezeichnung des DDR-Alltags als ›grau‹ beinhalte eine Herabwürdigung der gesellschaftlichen Verhältnisse …«

Dann liest er den Text des Liedes auf seinem Schreibtisch weiter: »Und hier, diese Stelle: Von Karl-Marx-Stadt nach Rostock / mit dem Lastzug nach Prag / tausend Zwängen der Zeit den Zahn ziehen … Na ja. Sie und Ihr Prag, immer wieder Prag, Und Dubček, immer wieder die gesellschaftlichen Notwendigkeiten verneinen! Aber interessanter für uns ist die Stelle mit den Zwängen. Das Ermittlungsorgan fragt: Wollten Sie mit der Formulierung ›tausend Zwängen der Zeit den Zahn ziehen‹ zum Ausdruck bringen, dass die Verhältnisse in der DDR für junge Menschen, Tramper, wie Sie sie nennen, tausend Zwänge beinhalten und dass man sich dagegen zur Wehr setzen soll?«

Ich stoße Luft aus und sage: »Ich wollte mit der betreffenden Textstelle ausdrücken, dass man sich als junger Mensch in unserem Land darum bemühen soll, bestimmte Lebensumstände, die eine phantasievolle Entwicklung verhindern, zu beseitigen, dass man etwas für die eigene Entwicklung tun soll …«

Mir fallen an diesem Tag bald keine Sprechblasen mehr ein, Woche für Woche dieses Vernehmerzimmerdeutsch, wirklich harte Arbeit.

Akribisch schreibt der Vernehmer meine Antworten nieder.

Dann liest er wieder in meinen Texten und hebt den Kopf: »Aber jetzt kommt's ja nun ganz dicke. Hier, im Kehrreim, das ist doch der Kehrreim?«

Ich blicke auf das mir hingereichte Blatt.

»Ja, Refrain kann man auch sagen.«

»Also hier steht: Ein neuer Weg, / und ist es auch nur Flucht, / der Mensch findet doch nie sein Glück, / wenn er nicht danach sucht.«

Er blickt mich an und nimmt die dunkle Hornbrille ab.

»Aha, Flucht also. Das ist dann wohl eindeutig. Wohin soll denn die Flucht führen?«

Ich zucke wiederholt mit den Schultern, sage: »Flucht weg vom Alltag, Flucht vor dem Stillstand im eignen Leben, was weiß ich, Flucht vor Unglück und Langeweile.«

Ich zucke wiederholt mit den Schultern.

Der Vernehmer hat die Brille wieder aufgesetzt und schüttelt den Kopf.

»Also, wenn Sie den Mund aufmachen und über unser Land reden, kommen sofort negative Wörter geflogen: Alltag, natürlich grau, logo, Stillstand, haben Sie eben gesagt, Unglück und Langeweile auch noch. Mannomann, wo haben Sie das nur her? Aber geschenkt. Die Flucht allerdings, die schenken wir Ihnen nicht. Kennen Sie den Strafrechtsparagraphen ›Republikflucht‹? Wollten Sie mit dem Vortrag dieser Formulierung und dieses Liedtextes vorsätzlich zu Republikflucht aufrufen?«

Meine Müdigkeit verfliegt, ich raffe mich auf zu widersprechen: »Der einzige Grenzübertritt, der in dem Text vorkommt, lässt sich mit der Textzeile ›mit dem Lastzug nach Prag‹ belegen. Also, wenn schon Flucht, dann nach Prag, in die sozialistische ČSSR. Mehr können Sie gerichtsverwertbar nicht aus diesem Text herausholen.«

»Wir lesen aus Ihren Texten heraus, dass Sie eine feindliche negative Haltung einnehmen. Außerdem, mal ästhetisch, am Anfang des Liedes, da hatten Sie es schon wieder mit dem Frost, ›dass deine Seele taut‹, steht hier. Hatten wir nicht heute Vormittag schon Frost? Ist denn der Frost Ihr Frust?«

Er sucht nach dem Text von »Erfroren«, findet ihn und trägt pathetisch vor.

»Ja, hier: Vom Eis ein Stück / steckt in meinem Herz … Immer Frost, immer Eis, immer Seele gefroren, metaphorisch fällt Ihnen aber nicht so viel ein, oder?«

Darüber nun muss ich mal nachdenken, fehlende Metaphernvielfalt wird hier angesprochen. So gründlich wie die Stasi hat sich noch kein Verlag und keine Zeitung mit der Bauweise meiner Gedichte auseinandergesetzt, es artet ja geradezu in eine Art Lektorat aus.

Der Vernehmer beendet seine Niederschrift zum Text »Tramperromanze«.

Wir sitzen jetzt seit neun Stunden hier, sehe ich auf der Uhr über dem Vernehmerschreibtisch. Der Vernehmer ist verspannt und dehnt sich. Es klopft. Zurück auf Zelle?

Ein Wachhabender bringt einen Packen Vernehmungsprotokolle und legt sie auf den Tisch des Vernehmers. Alle handschriftlich von den Vernehmern verfassten Vernehmungsprotokolle werden ordentlich mit Maschine mit sechs Durchschlägen abgeschrieben und dann in Abständen dem Beschuldigten zur sechsfachen Unterschrift vorgelegt.

Der Vernehmer quittiert den Empfang der Vernehmungsprotokolle und ist gnädig: »Die müssen Se aber nicht mehr heute unterschreiben.«

Er blickt auf seinen Schreibtisch und freut sich: »Na, da waren wir aber heute fleißig. Wolln Se 'nen Kaffee?«

Ich nicke müde. Er drückt Knöpfchen und bestellt über Mikrofon zwei Kännchen Kaffee. Wir schweigen.

Es klopft. Der Kaffee kommt.

Wir gießen uns den Kaffee ein, er rührt seine Milch. Ich bin müde, ich möchte zurück auf Zelle, ich habe Hunger.

Der Vernehmer trinkt den Kaffee in kleinen Schlucken und überfliegt mit den Augen die auf seinem Schreibtisch ausgebreiteten Papiere.

»Ach, hier hamm wir ja noch das ›Ostkreuz‹, was machen wir denn jetzt damit?«

Er stöhnt und blickt mich an: »Na, komm Se, eins schaffen wir noch!«

Ich sage: »Na, ich habe eigentlich Hunger …«

Er: »Komm Se, ›Ostkreuz‹, das is doch ein kurzes Gedicht, das arbeiten wir schnell ab. Kann's losgehen?«

Was soll der Häftling schon sagen.

Der Vernehmer nimmt den Füllfederhalter in die Hand. »In Ihrem Text ›Ostkreuz‹ unterstellen Sie, dass man in der DDR, wenn man Verantwortung übernimmt, sich zwangsläufig falsch entwickelt. Nehmen Sie als Beschuldigter zu diesem Vorwurf des Ermittlungsorgans Stellung!«

»Was ist los?« Jetzt sitze ich wieder aufrecht. »Zeigen Sie doch noch mal her, das Gedicht.«

»Bitte sehr.« Der Vernehmer reicht mir die Kopie meines Gedichts über den Tisch.

Ich lese:

Ostkreuz

In Berlin
Hauptstadt
der DDR steigt
mancher nicht nur
bei der S-Bahn mühevoll
viele Stufen empor, um dann
festzustellen, dass er zwar oben,
aber auf dem falschen Bahnsteig steht.

»Das hier, das ist ein Spiel mit der grafischen Form«, erläutere ich. »Der Typ im Gedicht steigt auf, aber eigentlich geht's mit ihm bergab. Jedenfalls grafisch. Ist doch ein witziger Einfall, finde ich.«

Der Vernehmer nimmt den Füllfederhalter fester in die Hand und sagt laut: »Das Ermittlungsorgan wirft dem Beschuldigten weiterhin vor, mit den Formulierungen ›zwar oben, aber auf dem falschen Bahnsteig‹ jegliche Übernahme von Verantwortung in der DDR als korrumpierend und negativ zu diffamieren. Nehmen Sie zu dem Vorwurf erneut Stellung!«

»Aber ich denke, es sollte schnell gehen, und jetzt machen Sie ein Fass auf wegen eines Gedichts, das schon in der ›Jungen Welt‹ stand und in einem DDR-Buch, den ›Offenen Fenstern‹?«

Er sagt: »Ich muss Sie darauf hinweisen, dass das Ermittlungsorgan der Meinung ist, dass mit diesem Text die staatliche Ordnung in der DDR herabgewürdigt wird.«

Das Ermittlungsorgan nimmt die Brille ab, blickt mir ins Auge und fährt fort: »Nu sachen Se doch mal, wie Sie den Text in die Zeitung und in een Buch eines offiziellen Verlags gebracht haben?«

»Na, ich hab's hingeschickt, und die haben's genommen und gedruckt.«

»Wissen Se was«, sagt das Ermittlungsorgan, »weil's schon spät ist: Wir streichen ›Ostkreuz‹ als Hetzgedicht. Aber eens müssen Se wissen, hätten wir von dem Vorgang erfahren, wir hätten den Abdruck verhindert.«

Ich sage: »Na, das tut mir ja nun leid, aber ich dachte, die Stasi ist überall.«

Der Vernehmer drückt ein anderes Knöpfchen als beim Kaffee und sagt ins Mikrofon: »Zelle!«, worauf die Tür aufgeht. Draußen wartet wie immer der Läufer.

Ganz unten

Im Stasiknast Berlin-Hohenschönhausen werden Verlegungen von Häftlingen auf andere Zellen nie angekündigt. Wenn dich am Morgen um neun der Posten, der dich zur Vernehmung bringt, aus der Zelle holt, weißt du nicht, ob du zur Mittagspause zwischen den Vernehmungen in die gleiche Zelle zurückkommst oder in eine andere Zelle verlegt wirst. Der Läufer raunzt sein »Komm Se!« und wird dir nicht verraten, wohin. Es ist verboten, ihn anzusprechen. Tust du es doch, schnauzt er: »Nich reden!«

Nach Monaten Einzelhaft werde ich in der Mittagspause nicht mehr zurück in meine Einzelzelle, sondern zu einem Westberliner auf die Zelle gebracht. Wir werden »zusammengelegt«.

Der Westberliner beginnt sogleich, mir die Freizügigkeiten des Westens auszumalen. Soll er mir den Westen schmackhaft machen? Hier im Stasiknast misstraut jeder Häftling dem anderen. Er sei, so der Westtyp, ein Schleuser gewesen, ein Menschenhändler, das werfe die Stasi ihm vor. Er erzählt, er hätte je zwei, drei Leute auf der DDR-Transitstrecke eingeladen und im Kleinbus nach Westberlin oder Westdeutschland gebracht, die Leute versteckt im Motorraum, im Campingdach oder unter der Sitzbank. Er ist ein smarter Typ, fünfunddreißig vielleicht, schwarze Augen, schlank, hoch gewachsen, längeres dunkles Haar, irgendwie geschniegelt.

Im schönen Westberlin sei alles viel lockerer als im muffigen Osten, berichtet er, gerade aufs Sexuelle bezogen. Ich höre ihm interessiert zu, denn mit meinen 24 Jahren bin ich zwar schon junger DDR-Vater, aber nicht unbedingt der große Frauenaufreißer.

»Das gibt sich alles im Westen, Ängstlichkeiten, Hemmungen«, sagt der Menschenhändler. Er berichtet von einer, wie er sagt, Bettfreundin, einer Ärztin, die immer, wenn er sie besuchte, überm Bett eine rote Lampe im Love-Heart-Design anschaltete. Westberlin als sexuelles Schlaraffenland für unsichere DDR-Männer. Aber vielleicht ist der Westberliner nur ein armes Schwein, das seine Haut retten will, von der Stasi erpresst, aus mir die Sachen herauszukitzeln, die ich in den Vernehmungen nicht erzählen will.

Dabei habe ich fast gar nichts mehr zu verbergen. Meine Texte haben sie. Wo ich mit welchen Liedern aufgetreten bin, das wissen sie auch. Sie waren ja immer dabei. Und was ich denke, das erzähle ich ihnen. Ich bin hier im Knast nicht der Schweiger. Sie sollen schon wissen, mit wem sie es zu tun haben.

Aber der Vernehmer reagiert auf meine Aussage, es läge doch inzwischen alles auf dem Tisch, meist mit einem sarkastischen, ungläubigen Verziehen der Mundwinkel.

Der Zellenwessi beklagt sein Los. Den Vorwurf »Menschenhandel« nennt er »Ausreise unter den speziellen Bedingungen der DDR«.

»Und, hast du denn auch was dran verdient?«, frage ich.

»Na, ganz umsonst ist im Westen nix.«

Menschenhandel oder Fluchthilfe. Ich will eigentlich in der DDR bleiben, aber viele andere wollen weg. Stelle ich mich über sie? Ich bin ratlos. Was ist mit dem Menschenrecht auf Freizügigkeit und den Toten an der Mauer? Ich will einen Sozialismus, aus dem keiner mehr abhauen will. Ist das zu arrogant oder naiv? Aber hier ist der Knast der Staatssicherheit, und ich sitze mit dem Fluchthelfer in einer Zelle.

Jetzt, nach Monaten, beginnen sie, mich in den Vernehmungen aufschreiben zu lassen, wie ich mir einen geänderten Sozialismus vorstelle. Ich schreibe. Es trainiert mein Gedächtnis, und es trainiert meine Argumentationsfähigkeit.

Ich denke mir auf der Zelle, wo ich weder Stift noch Papier benutzen darf, Gedichte aus, und manchmal lässt mich der Vernehmer eines aufschreiben, wie das »Bittgesuch an den Anstaltsleiter«[1].

Es trainiert mich auch, meine Gedichte, meine Straftaten auswendig zu lernen, zu denen ich in den Vernehmungen befragt werde. So kann ich sie mir merken. In den Vernehmungen zum »Buchenwaldlied«[2] bemerkt der Vernehmer gar nicht, wie ich die Verse ständig lautlos vor mich hin spreche, um sie mir einzuprägen. Und mein »Vorschlag für die textliche Neugestaltung der Nationalhymne der DDR«[3], ein Text, der mir die Erweiterung des Ermittlungsverfahrens von »Staatsfeindlicher Hetze« zu »Verächtlichmachung von staatlichen Symbolen der DDR« einbringt, beschäftigt das Ermittlungsorgan zwei volle Vernehmungstage, viel Zeit zum Textlernen.

Jedenfalls will ich in diesem stupiden Umfeld mit meinem Kopf arbeiten.

Und so schreibe ich der Stasi auf, wie die Gewaltenteilung zwischen Gewerkschaften und der Partei aussehen könnte, oder warum wir ein sozialistisches Streikrecht brauchen, oder warum Konkurrenz zwischen volkseigenen Betrieben notwendig ist, oder warum mehr Eigenverantwortung und Eigenrisiko der Arbeiter und Angestellten gut wäre. Alles will die Stasi wissen, und ich schreibe.

Die Befragungen zu meinen mehr als hundertfünfzig Gedichten liegen inzwischen hinter mir. Drei harte Monate waren das. Der Vernehmer fragt mich nun zu dem, wie er es nennt, »gedanklichen Sumpf, aus dem das bei Ihnen kriecht«.

---

1 Vollständig zitiert im Nachwort, S. 232

2 Vollständiger Text im Anhang, S. 212f.

3 Vollständiger Text im Anhang, S. 221f.

Im Vernehmerzimmer wird offen und konfrontativ argumentiert. Bleibt der Sozialismus, wie er in der DDR ist, erstickt er an sich selber. Sage ich.

Der Stasivernehmer hält dagegen. Wenn der sozialistische Staat nicht gegen Elemente wie mich vorgeht, verliert er jede Autorität. Ich entgegne: Nee, er verliert sie dadurch, dass er sich als stinknormale Diktatur erweist. Es sind die richtigen Diskussionen.

»Was wir hier reden, gehört in die DDR-Zeitungen«, sage ich.

»Gott bewahre die DDR davor«, sagt der Vernehmer, »deshalb ham wir Sie ja aus dem Verkehr gezogen.«

Der Fluchthelfer auf der Zelle fragt mich, ob ich denn kein Muffensausen gehabt hätte, draußen, in der DDR, angesichts meiner jahrelangen Auftritte mit »kritischen Schreibwaren«, wie er es nennt.

Klar, hatte ich, ohne Ende. Jedes Mal, wenn ich einen Text von mir aus den Händen gegeben oder irgendwo ein Lied gespielt hatte.

Eines Morgens geht es zur Vernehmung, der Westberliner bleibt auf der Zelle zurück, und mittags bringt mich der Läufer in eine andere, eine Dreierzelle.

Zwei Männer begrüßen mich. Ein großer hagerer Typ, der sich als Aljoscha vorstellt. Der andere, ein großer Dicker, Kurt, sagt gleich, er sitze hier als Wirtschaftsverbrecher, aber eigentlich sei er keiner, das sei alles ein Missverständnis. Nach nur zehn Minuten kenne ich seine Geschichte. Er hätte im DDR-Außenhandel gearbeitet und wäre oft zu Geschäftsessen mit Schweizer Partnern gewesen, in Leipzig zur Messe oder in Frankfurt am Main. Direktor eines Außenhandelsbetriebs sei er, und der Vorwurf gegen ihn würde auf »Unterschlagung und Bestechlichkeit« lauten.

»Und nur, weil ich auf der Leipziger Messe mit meinen Partnern aus Hannover essen war.«

»Das ist alles?«, wundere ich mich.

»Na ja, es ging auch um Schweizer Franken, die bei einer Bilanzabrechnung fehlten.«

Die Stasi hatte ihn beobachtet. Ein Wirtschaftsdelikt.

Größer ist mein Misstrauen gegen Aljoscha. Er hat Flugblätter gegen die Biermann-Ausbürgerung transportiert und verteilt, und ich sitze wegen Gedichten und Liedern.

Warum sperren sie zwei so genannte Staatsfeinde zusammen? Welches Kalkül steckt dahinter?

Aber dann reden wir zwei »Politischen« doch zusehends freimütiger über das, was wir in der DDR anders machen würden, was wir umorganisieren würden in diesem missratenen DDR-Sozialismus. Der Wirtschaftsverbrecher traut seinen Ohren nicht, als Aljoscha und ich in der Stasizelle die Gründung von Arbeiterräten in der DDR für gut befinden und unter Gelächter auch gleich beschließen. Die Konterrevolution, oder die Revolution, je nachdem, wie man will, nimmt sozusagen unter dem Stasidach konkrete Formen an.

Nach zwei Wochen erhalten wir auf Antrag sogar ein Schachspiel in die Zelle hereingereicht. Von nun an gibt es Schachturniere. Die zwei Politischen gegen Kurt, den Wirtschaftsverbrecher, der dagegen protestiert, dass wir ihn so ansprechen. Er legt Wert darauf, auch ein Politischer zu sein.

»Nein, mein lieber Wirtschaftsverbrecher«, sage ich zu ihm, »ich weiß wirklich nicht, ob ich dir das mit dem Politischen abnehmen soll. Bleib doch einfach unser ehrlicher Wirtschaftsverbrecher.«

Aber im Schach gewinnt er gegen mich.

Der Wirtschaftsverbrecher Kurt ist ein bärenartiger Mann in reiferem Alter mit hohen, breiten Schultern, aber hier macht er meist eher den Eindruck eines verängstigten kleinen Gefängnisbären.

Gleichmut kehrt ein in diesen Frühsommerwochen, wir

sind einfach mittendrin in der Stasimühle. Von Montag bis Freitag Vernehmungen, man kommt auf der Zelle miteinander aus, man teilt das gleiche Klo, läuft auf dem gleichen Boden, versucht am gleichen Fenster durch den schmalen Schlitz zwischen den Glasziegelsteinen etwas frische Luft zu schnuppern. Geht gemeinsam in den gleichen »Tigerkäfig« zum Freigang, für eine halbe Stunde, zweimal die Woche. Wenn's denn Freigang gibt. Die Tigerkäfige, das sind Betonhöfe, mit Postenlaufstegen überdeckt, auf denen Maschinenpistolen-Posten patrouillieren, während die Häftlinge einer Zelle unten im Kreis gehen müssen. Die Tigerkäfige ermöglichen nicht von Gittern durchkreuzte Blicke nach oben. Sprechen dürfen wir nicht, und so ist das Einzige, was bleibt, der Blick zum Himmel über Berlin. Durch den Himmel über Berlin fliegen Passagierflugzeuge, viele. Und viele fliegen schon sehr tief, wenn sie Berlin-Hohenschönhausen überfliegen. Und immer, wenn der Wind von Westen her weht, fliegen die Flugzeuge von Osten her an. Berlin-Hohenschönhausen liegt aber zu weit weg von Berlin-Schönefeld, das können nur Flugzeuge für Westberlin sein, also für Tegel. Und tatsächlich erkenne ich manchmal aus der Tigerzelle heraus die Zeichen der Fluggesellschaften an den großen Heckflossen der Maschinen, wenn sie sich leicht seitlich legen, um über Ostberlin auf Tegel im Westen einzudrehen.

PanAm, Air France, British Airways, nur vierhundert oder fünfhundert Meter hoch über uns schweben sie dahin, viel zu hoch für mich, und ich bin viel zu tief unten für sie, als dass sie irgendetwas da unten sehen könnten, mich, ganz weit unten, im Grau, im DDR-Grau.

Das sage ich dem Vernehmer, als er mich routinemäßig fragt, ob es denn nach den Monaten Haft irgendetwas gebe, was mich aufbaue. Ich sage: »Im Freigang, da kann ich nach oben gucken, British Airways, Air France, die fliegen dahin und landen dort, wo ihr keine Macht habt. Gut zu wissen, wenn man hier einsitzt.«

Der Offizier zuckt mit den Schultern: »Na, wenn Ihnen nüscht Besseres einfällt.«

»Nee, der Knast des Ministeriums für Staatssicherheit und oben drüber Air France.«

Der Vernehmer runzelt die Stirn.

»In der Luft, da fliegen alle möglichen Vögel herum. Hier unten auf der Erde, beim Ministerium für Staatssicherheit, da geht es recht irdisch zu, verlassen Sie sich darauf. Sie möchten wohl keinen Freigang mehr haben, oder?«

Anwerbungsversuch

Seit mehreren Stunden ist es hell. Jetzt wird es gegen zehn Uhr vormittags sein, vermute ich. Warum holen sie mich heute nicht zur Vernehmung, es ist doch wochentags? Meine Zellen-Mitinsassen sind schon lange abgeholt worden. Auf dem Flur herrscht Ruhe. Nur das Stiefelknarren der Posten ist zu hören.

Vielleicht wollen sie die Sache nun einfach nur noch routinemäßig über die Bühne bringen. Oder sie hecken etwas Neues aus. Neue Arten der Einschüchterung?

»Aber Sallmann, wir brauchen doch keine Folter mehr. Na gut, früher, da waren auch andere Zeiten, die fünfziger Jahre, offene Grenze. Das haben wir doch gar nicht mehr nötig. Die Zeit, denken Sie mal an die lange Zeit. Die Leute sitzen und denken nach. Wie schön für uns.«

Der Vernehmer hatte beim Reden gegrinst.

Ja, das weiß ich alles. Trotzdem. Warum holen sie mich nicht?

Ich pendele in der Zelle hin und her. Vier Schritte hin. Kehrt. Vier Schritte zurück. Dann irgendwann kracht der Schlüssel doch noch im Schloss, die schweren Riegel werden zurückgeworfen. Ich nehme neben der Pritsche Grundstellung mit Blickrichtung zur Tür ein. Ich lasse die Hände lose vor dem Körper herunterhängen, wie es die Anstaltsordnung vorschreibt.

Die Tür wird aufgestoßen. Der sonst zuständige Läufer ist nicht zu sehen. Ein anderer Posten nuschelt sein »Komm Se«, ich trete aus der Zelle und stelle mich mit dem Gesicht zur Wand auf. Dann führt mich der Posten wieder durch die Gänge, Gitter, Alarmanlagen. Was denn, doch noch Vernehmung? Jetzt noch, fast mittags?

Während ich durch das Gefängnis gebracht werde, fühle ich mich fast erleichtert, weil ich wieder für einige Zeit aus der Zelle kann.

Wir gelangen in den Vernehmertrakt. Aber an der Tür meines Vernehmers ertönt kein »Halt!«, wir marschieren vorbei. Also doch keine Vernehmung? Was dann? Ganz am Ende des Ganges steht eine Tür halb offen. »Bis zur Tür«, sagt der jetzt hinter mir laufende Posten. Dort angekommen, muss ich mich wieder mit dem Gesicht zur Wand stellen. Der Posten fragt in den Raum hinein, ob er den Häftling »vorführen« kann.

Er darf, also bedeutet er mir, einzutreten, und ich trete ein. Drinnen sieht alles schick aus. Stereoradio, Blumen, zwei Kännchen Kaffee, ein Couchtisch, ein Schreibtisch, ein jüngerer, dünner, modern zivil gekleideter jüngerer Offizier mit blonden Haaren. Durch das geöffnete, von außen mit Gitter gesicherte Fenster kann ich das erste Mal in diesem Jahr einen grünen Baum sehen. Er steht mitten auf dem Hof, umgeben von Barackengelände, das sehe ich, Stasiautos fahren umher. Groß und grün breitet der Baum seine weiten Arme über das Stasigewimmel unter sich aus. Er hat hellgrüne Blätter, die Färbung verweist auf Juni, eine große Linde ist es, vermute ich. Als ich verhaftet wurde, war noch alles kahl. Nicht mal die kleinsten Knospen an den Ästen.

»Na ja, genießen Sie erst mal die Aussicht, und nehmen Se Platz!«, sagt der Stasimensch und weist auf einen Stuhl an dem kleinen Couchtisch in der Ecke, auf dem die Kännchen Kaffee und zwei Tassen stehen. Nach einem Augenblick des Schauens setze ich mich an den Tisch. Der Offizier sitzt mir dicht gegenüber. Er blickt mich fest an, schweigt aber. Dass er mir so nahe auf den Pelz rückt, ist mir unangenehm: Was will der?

Ist er mein nächster Vernehmer? Ist dies das »Chefzimmer«?

Jetzt fängt mein Gegenüber an. »Na, Sallmann, haben Sie

sich denn in der Zwischenzeit ein bisschen eingelebt bei uns? Ich nehme doch an, ja? Überleben kann man überall.«

Ach so. Auf diese Art. Ich frage, ob ich einen Kaffee nehmen darf, und nachdem er genickt hat, gieße ich mir eine Tasse ein.

»Das, was bei Ihnen hier im Knast noch am ehesten stimmt, ist der Kaffee.« Ich rede irgendetwas, nur um zu reden.

»Na, sehen Sie!« Er gibt ein gekünsteltes Auflachen von sich, er scheint sich lockern zu wollen.

»Sagen Sie, sind Sie aufgeklärt worden darüber, was wir Ihnen alles noch vorwerfen können, wenn wir nur wollen?«

»Danke, bestens.«

»Und Sie denken, das, was Sie jetzt wissen, ist schon alles?«

»Nein. Nach den Erfahrungen, die ich bis jetzt mit der Stasi gemacht habe, finden Sie bestimmt noch weitere Staatsverbrechen, die ich begangen habe.«

»Aber, aber, immer gleich so schwarzsehen. Doch wer weiß? Vielleicht haben Sie den Finger auf der richtigen Spur. Was könnte denn nach Ihrer Meinung noch kommen?«

»Na, zum Beispiel habe ich die Nationalhymne umgeschrieben. Das hängen Sie mir ja jetzt als Verletzung dieses Paragraphen über das Verächtlichmachen von staatlichen Symbolen der DDR an.«

»Wir hängen niemandem etwas an. Sie und Ihre Freunde haben eine Weile lang eine ganze Menge geschrieben und gesungen, und jetzt ist es für eine Reihe von Jahren eben vorbei damit.« Er schnippt mit den Fingern.

»Es ist doch so: Entweder wir tolerieren solche wie Sie, und das haben wir bisher getan, oder wir tolerieren Sie eben nicht mehr.«

Er weist mit dem Daumen auf das Gitter vorm Fenster hinter sich.

Ich trinke wieder Kaffee und sage: »Sie haben es nie toleriert. Sie haben nur abgewartet, bis die Situation so weit ist und Sie uns alle zusammen in den Sack packen konnten. Ich bleibe dabei, Texte und Lieder sind keine Verbrechen.«

Der Zivile schüttelt mitleidig den Kopf.

»Sallmann, bei uns sitzt keiner unschuldig. Was erzählen Sie denn? Da müssen Sie schon einiges auf dem Kerbholz haben, wenn Sie hier bei uns gelandet sind, und ebendas untersuchen wir jetzt.«

Nun muss ich fast grinsen. So ein Scheißspiel. Aber was will er wirklich?

»Wie stellen Sie sich denn Ihre Zukunft vor?«, fragt der Zivile. »Ich meine, wenn Sie wieder aus dem Knast raus sind? Und das wird ja wohl nicht gleich übermorgen sein.«

Er schmunzelt.

Ich zucke mit den Schultern. »Was soll ich schon groß machen? Ich werde wieder arbeiten gehen. Irgendeine Arbeit, zu der mich das Gericht verpflichtet, mit Meldepflicht bei der Volkspolizei und allem Drum und Dran. Wenn ich großes Glück habe, bekomme ich wieder Arbeit als Kraftfahrer. Das habe ich immer gern gemacht.«

Der Stasi unterbricht mich: »Gar keine künstlerischen Hoffnungen mehr?«

»Vielleicht kann ich mein Studium doch noch beenden. Vielleicht hätte ich mich, ohne Knast, beim Zentralen Studio für Unterhaltungskunst um einen Liedermacher-Berufsausweis beworben. Aber als Vorbestrafter in der DDR auf so was zu hoffen, ist wohl illusorisch.« Ich zucke wieder mit den Schultern.

»Sehr gut!« Der Stasi lobhudelt. »Sie haben wenigstens Vorstellungen und versuchen, die Realitäten abzustecken. Mancher, dem es ähnlich wie Ihnen geht, tut nicht einmal das!«

Wen meint er?

Nun beginnt er im Zimmer auf und ab zu laufen. »Welches Verhältnis haben Sie eigentlich zum Thema Staatssicherheit im Sozialismus, ich meine, generell?«

»Dazu gab es doch schon mehrere Vernehmungen, Sie wissen es doch, es steht alles in den Vernehmungsprotokollen.« Ich trinke den Rest des Kaffees.

»Sie verneinen die Notwendigkeit der Existenz eines Geheimdienstes im Sozialismus, soweit mir bekannt ist, nicht vollständig?«

Ich wiederhole, was ich in den Vernehmungen schon an Theorielastigem zu Protokoll gegeben habe: Dass ich für einen demokratischen Sozialismus bin, mit demokratischen Staatsorganen, die die Errungenschaften beim Aufbau schützen, auch für Sicherheitsorgane bin, aber für solche, die ihre Macht und ihre Befugnisse nicht dazu missbrauchen, Repressionen gegen die Bevölkerung auszuüben, ich spule alles noch einmal herunter.

Der Stasimann hat hinter seinem Schreibtisch den Kopf träumerisch in die Hand gestützt.

»Das klingt ja nicht schlecht, ist aber zu utopisch«, höre ich ihn sagen.

Ich blicke hinüber zu dem schönen grünen Baum vor dem Fenster.

Jetzt wird er im Ton schärfer. »Aber das sind eben alles nur Worte, es fehlen die Beweise. Wir sind doch hier kein Quatschverein! Sie müssten uns beweisen, dass Sie nicht nur quatschen, so laufen doch die Dinge, wenn man sie ernsthaft anpackt.« Er lacht auf. »Und wir hier packen sie ernsthaft an, wie Sie sicher bemerkt haben.«

Verflucht. Langsam dämmert es mir, und ich erkenne das Loch, aus dem die Schlange kriecht.

»Wie sollte ich als Lieder schreibender Mensch denn anders zur Staatssicherheit in Beziehung treten, als dass ich Lieder über das MfS schreibe?« Ich klinge blöd, naiv, zu naiv.

»Ach Quatsch.« Der Stasi winkt gelangweilt ab. »Lieder sind doch auch nur Gequatsche.«

Er kommt wieder ganz nah heran und legt mir nun die

Hand auf die Schulter. Ich ahne, was jetzt für Worte gesprochen werden.

Zwar habe ich sie selbst noch nie gehört, aber ich weiß, dass viele Leute im Knast ihnen nicht widerstanden haben. Mein Leipziger Bekannter Heinrich Lahn fällt mir ein. Ich weiß, dass ich jetzt dran bin, dass sie jetzt den Hebel bei mir ansetzen.

Der blonde Stasi duzt mich und kommt zur Sache: »Du müsstest uns schon einen Beweis geben, dass du es ernst meinst mit deinen Sozialismus-Bekenntnissen, du solltest mit uns kooperieren. Du würdest zu den Einsätzen mit Häftlingen auf Zellen zusammengelegt, mit denen wir Schwierigkeiten haben. Deine Aufgabe bestünde darin, uns bestimmte Informationen zu liefern, die wir mit unseren Mitteln nicht aus diesen Straftätern herausbekommen. Du erhieltest selbstverständlich einen anderen Namen und eine neue Geschichte. Kannst es dir auch selbst ausdenken. Bist ja ein Schreiberling. Das alles dient dann nur zu deiner eigenen Sicherheit. Fragen?«

Die Arroganz der Deutlichkeit schockt mich vollends. Ganz außer Fassung bringe ich hervor: »Was, ihr wollt mich hier als Spitzel in die Zellen schicken?«

Er hebt die Hände. »Nenn es, wie du willst. Aber überleg's dir gut.«

Und noch unbekümmerter: »Wenn du es hier im Knast nicht machen willst, können wir uns auch drauf einigen, dass wir dich draußen einsetzen, später, nach der Haft. Wir sind da immer recht großzügig. Über die Art dieses späteren Einsatzes müssten wir uns aber noch Gedanken machen, während du sitzt.«

»Soll ich etwa solche Dinger drehen wie Heinrich Lahn?«, frage ich entsetzt.

»Ach, immer Ihr Lahn!« Gott sei Dank siezt er mich wieder. »Hat der Ihnen auch diesen Quatsch erzählt, er hätte sich mit uns arrangiert? Das haben Sie doch hoffentlich nicht geglaubt! Wir kennen die Story ja schon mehrfach. Von Pannach und Kuno, denen hat er's ja wohl auch erzählt. Glauben Sie denn wirklich, wir lassen uns mit Leuten ein, die Altweiberklatsch und Tratsch über uns in alle Winde streuen?«

Ich sage: »Na klar.«

Der Blonde schüttelt den Kopf. »Sie meinen, er war unser dissidentischer Fliegenfänger?«

Ich widerspreche: »Na ja, Heinrich Lahn, die ehrliche Seele, das war vielleicht ein Trick der feineren Art, uns in Leipzig die Zungen zu lockern, mit dem Zaubermittel der tiefsten Offenheit!«

Er lacht: »Und Sie sagen, Sie könnten nicht für uns arbeiten, dabei haben Sie für unsere Belange offensichtlich Talent. Ich will Ihnen was sagen. Kommen Sie zu uns, Sie werden es in keiner Weise zu bereuen haben. Ich hab's auch nicht bereut. Wie Sie sehen, geht's mir gut. Ich werde fett.« Er zeigt feixend auf seinen Bauchansatz. »Und einen Polski Fiat habe ich auch vor der Tür stehen.«

Ich gehe auf seinen Ton ein: »Im Gefängnis einsetzen, wie meinen Sie das genau, bleibe ich denn dann nach der Verurteilung hier bei der Staatssicherheit?«

»Allerdings. Der Vollzug in Bautzen oder Brandenburg bliebe Ihnen dann erspart.«

»Aber mein Vernehmer sagte mir, im Strafvollzug könnte ich dann eine Gitarre bekommen und dort weiter Lieder machen.«

Bei dieser Vorstellung muss ich nun wirklich selber lachen, weil ich das Verlogene an der Ankündigung des Vernehmers erst jetzt richtig erkannt habe.

Der Stasioffizier lacht mit, aber dann wird er ärgerlich. »Da hat Ihnen Ihr Vernehmer aber ganz schönen Mist erzählt. Im Vollzug ist der Ofen aus, mein Lieber. Nüscht mit

Gefangenenchor aus ›Nabucco‹ und so. Wenn Sie schon eine Klampfe bekommen, dann von uns, dem MfS, und hier im Haus. Das braucht aber seine Gegenleistung. Womit wir wieder beim Thema wären. Im Übrigen sind wir hier ganz unter uns. Ihr Vernehmer weiß nicht, dass Sie hier sind. Wir können in größter Ruhe alle Details besprechen. Sie müssen sich auch nicht sofort entscheiden, wir lassen Ihnen Zeit. Wenn Sie sich für uns entscheiden, garantieren wir Ihnen gleich nach dem Knast einen guten finanziellen Start. Wollten Sie nicht auch ein Studium am Literaturinstitut in Leipzig machen? Darüber kann man doch reden. Wir können auch darüber reden, ob Sie bis zum Beginn des Studiums beim Mitteldeutschen Verlag Halle beschäftigt werden wollen, als Volontär. Ja, das wäre das Richtige für Sie. Sie könnten dann endlich weg aus Leipzig. So viel schlechte Erfahrungen da, Scheidung, Verhaftung, alles unschöne Dinge. Und dann in eine schicke Einzimmerneubauwohnung in Halle. Na, wenn das nichts ist! Alles Weitere hinge dann von Ihrer Einsatzfreudigkeit ab.«

»Und wen soll ich bespitzeln? Etwa solche wie mich?«

Der Stasi lacht wieder auf. »Aber nein. Nicht mal das! Wir würden natürlich auch auf Ihre Vorbehalte Rücksicht nehmen und Sie nicht zu den Ihrigen sperren. Das fehlt noch, da würden Sie vielleicht wieder Hetzgedichte erfinden oder Ihre üblen Theorien und Pläne weiterschmieden!«

Diesmal lacht er nicht. »Sie würden also draußen nicht wie üblich eingesetzt, sondern nur in Fällen, na, Menschenhandel zum Beispiel. Gerade in dieser Richtung haben wir noch große Arbeit zu leisten. Sie müssten doch eigentlich wissen, dass Ihnen hier nun niemand mehr helfen kann. Biermann nicht, der sitzt in Hamburg, Pannach und Fuchs auch nicht, die sitzen hier.« Er lacht wieder.

»Am besten, Sie helfen sich selber. Wir als Staatssicherheit können die Höhe des Strafmaßes nicht bestimmen, aber einen gewissen Einfluss haben wir schon. Sie sollten nicht vergessen, dass wir dem Obersten Militärgericht einen Vorschlag über die Höhe Ihrer Haftstrafe machen. Vielleicht kommen Sie auch etwas billiger weg – mit zwei Jährchen anstelle von fünf, sechs oder noch mehr!«

Krampfhaft beißen sich meine Gedanken ineinander. Soll ich die Chance, vielleicht eher aus dem Knast herauszukommen, nutzen und zum Schein auf die Wünsche der Stasi eingehen? Kann ich die Stasi austricksen? Das hat schon mancher versucht.

Wie kann ich meine Gedichte schreiben, wenn ich im Auftrag der Stasi so genannte Menschenhändler bespitzele? Darf ich solche Fluchthelfer oder Menschenhändler, die Leute aus der DDR herausschleusen, bespitzeln, nur, weil sie Geld dafür nehmen? Ist es kriminell, was sie tun, wo DDR-Bürger doch nicht anders wegkommen aus diesem Land, wenn sie wegwollen und nicht können?

Ich merke, dass ich schon versuche, eine etwaige Zusage vor meinem Gewissen zu entschuldigen. Im Auftrag der Stasi. Mein Magen krampft sich zusammen, wie bei der Vorstellung, dass man mir ein Körperteil amputieren will.

Der Stasioffizier ist ein psychologisch auf Einfühlsamkeit trainierter Mensch. Er merkt, dass ich mit meinen Gedanken beschäftigt bin. »Ja, das ist alles nicht so einfach«, sagt er, »aber wir mussten uns ja alle mal entscheiden.«

»Wieso«, frage ich gequält, »waren Sie früher mal politischer Liedermacher?«

Er wirft mir einen verächtlichen Blick zu: »Wissen Sie was, ich lasse Sie jetzt auf Ihre Zelle zurückbringen. Sie werden noch vor ihren Mitinsassen da sein, so dass niemand weiß, dass Sie mit mir gesprochen haben.«

In der Zelle laufe ich stundenlang hin und her, kaue an den Fingernägeln, raufe mir die Haare, kratze mir den Kopf blutig. Mich quälen Skrupel. Ich bin so hilflos, so weich, zu weich gewesen bei diesem Gespräch, vollkommen in der Haut der ertrinkenden Maus, die sich an den Strohhalm klammert. Und es ist alles echt. Ich befürchte, wenn ich diesen Stasi-Halm schwimmen lasse, komme ich unter fünf Jahren nicht frei.

In der Nacht kann ich nicht schlafen. Das Herz tut mir weh und schlägt bis zum Hals, sobald ich daran denke: Ich als Stasispitzel! Ich komme davon nicht los. Eine Zeit lang ertappe ich mich dabei, wie ich mir einrede, auch als Spitzel menschlich sauber bleiben zu können.

Überhaupt, wie stellt sich die Stasi solch ein Theater vor? Nachmittags trete ich als Friedhelm Meier auf und lasse mich zum Schein fürs Ausschleusen anwerben, und am Abend singe ich irgendwo in Leipzig als Sallmann Lieder?

Am nächsten Morgen lächele ich nicht einmal mehr, als meine Zellen-Mitinsassen Aljoscha und Kurt versuchen, mich mit Witzen aufzuheitern. Sie merken, dass mit mir etwas nicht stimmt: »Bist du krank?« Ja, ich bin krank.

Im Verlaufe des Vormittags bin ich zweimal so weit, dass ich zu mir sage: Scheiß drauf! Ich mache es. Ich komme schon wieder los von denen, wenn ich nur erst draußen bin.

Danach wird mir jedes Mal so scheißübel, dass ich meinen Entschluss wieder zurücknehme, nur, um mich wieder leichter zu fühlen.

Ich bleibe allein auf der Zelle, ich werde wieder nicht zur Vernehmung geholt. Ich versuche mir vorzustellen, wie mich die Stasi völlig in der Hand hat, wollte ich draußen wieder singen, auftreten. Wie sie mir, vorausgesetzt, ich täte nicht genau das, was sie von mir verlangten, Freundschaften und Bekanntschaften kaputtmachen würde, indem sie auf geschickte Art verbreiten ließe, ich stände in ihren Diensten.

Dann wieder komme ich an einen Punkt, wo ich mich abermals zum Spitzel durchgerungen habe. In der zweiten Nacht wälze ich mich wie ein Fiebernder auf meiner Pritsche. Aljoscha und Kurt sagen nichts. Im Dunkeln blicke ich in den Spiegel. Daraus blickt mich der Stasispitzel Salli Sallmann an. Ich flüchte vor mir auf die Pritsche. Am liebsten möchte ich den Kopf an die Wand schlagen.

Als es mir zur Gewissheit wird, ich sei nun ein Spitzel und käme alsbald mit anderem Namen in eine andere Zelle, dämmert es mir. Ich muss den Gang gehen durch die Gefängnisjahre. Hier, vor meinem Kopf, endet eure Macht. Den knackt ihr nicht, den nicht. Dreimal oder viermal spreche ich diese Worte laut vor mich hin, so dass meine Zellenkameraden erschrocken fragen, ob es jetzt so weit wäre.

»Ja, jetzt bin ich so weit«, sage ich ins Zellendunkel.

Am nächsten Tag, nun werde ich wieder zur Vernehmung geholt, teile ich dem Vernehmer auf die Routinefrage, ob es etwas Neues gäbe, mit, dass er seinem Vorgesetzten ausrichten solle, aus mir und der Stasi würde kein Paar. Und ich kann, unsagbar erleichtert, seinen leicht verdutzten Blick mit einem Lächeln zurückgeben.

Ich werde sofort auf die Zelle zurückgebracht. Am nächsten Tag gibt es einen neuen Vernehmer, einen Hauptmann. Neue Zeiten beginnen in Hohenschönhausen, ein anderer Vernehmungsstil, mehr Privatgespräche, noch mehr politische Grundsatzbefragungen, ab und zu Kaffee und Kuchen, eine neue Taktik.

Hans, mein Kriegsverbrecher

Vernehmung in Hohenschönhausen, an einem Montag. Als mich der Läufer nach der Vernehmung auf die Zelle zurückbringt, geht es zu meiner Überraschung nicht mehr in den ersten Stock zu Aljoscha und Kurt zurück, sondern hinauf in den dritten Stock, dahin, wo ich nach meiner Einlieferung Monate in Einzelhaft saß. Davor habe ich Angst. Lieber mit Spionen, Wirtschaftskriminellen oder Menschenschmugglern reden, als alleine auf der Zelle vor sich hin zu brüten.

Dann weist der Läufer auf den weißen Strich neben Zelle 323, eine Zweierzelle, das kann ich mittlerweile leicht erkennen. Ich bin erleichtert. Wieder einmal Umlegung ohne Vorankündigung, aber Gott sei Dank nicht auf Einzelzelle.

Der Schließer öffnet die Tür. Ich trete ein und sehe eine Figur auf einer der beiden Pritschen liegen, die sich bei meinem Eintritt langsam erhebt. Ein älterer, nein, ein alter Mann, schon gebückt, grauhaarig, die gleiche Anstaltskleidung tragend wie alle. Eine knorrige Hand mit langen Fingern streckt sich mir zögerlich entgegen.

»Tach, ich heiß Hans.«

Ich sehe mich in der Zelle um. Auf dem Tisch sehe ich Zeitungen liegen, »Neues Deutschland«, »Junge Welt«.

»Oho, Zeitungen?«, frage ich erstaunt.

Außer den Buchzuteilungen aus der Haft-Bücherei gibt es keinerlei Informationsmöglichkeit in der Staatssicherheits-U-Haft, schon gar keine Zeitungen auf der Zelle.

»Ich hatte bis gestern sogar een Fernseher auf der Zelle«, sagt Hans, »jetzt isser weg, weil du hier reinkommst.«

Hans ist Sachse wie ich, merke ich.

»Wie, Fernseher?«, frage ich. »Wer kriegt denn hier einen Fernseher auf die Zelle, das war wohl die erste Klasse?«

Er sagt: »Erzähl ich dir noch. Das kommt daher, weswegen ich hier bin. Und du, weswegen bist du hier?«

»Gedichte, Texte, Songs, Auftritte mit Gitarre«, sage ich, »die falschen Gedichte und Songtexte geschrieben, oder die richtigen. Jedenfalls haben sie denen nicht gefallen.«

Hans steht auf und beginnt, in der Zelle auf und ab zu gehen.

»Dass sie mir das antun!«, sagt er plötzlich. »Wegen Gedichten.«

»Wieso dir antun, sie tun es doch mir an?«

Im Dämmerlicht der Zelle sehe ich, dass der rechte Ärmel seiner Gefängnisbluse lose herunterbaumelt, Hans hat nur noch einen Arm.

Was soll das denn heißen, dass sie ihm das antun?

»Gedichte, das is doch nichts!«, schnauft Hans.

Ich bin verblüfft. Wo lebt der Mann?

»Die sperren Leute auch wegen Witzen oder wegen an Mauern geschriebenen Worten ein.«

»Das meine ich ja nich, das weiß ich ooch. Es is nur …«, er setzt sich an den Tisch auf einen der beiden Schemel und klopft mit den Fingern auf den Tisch, schweigt.

Allmählich kommt mir die Verlegung auf diese Zelle seltsam vor. Ich lege mich, ebenfalls schweigend, auf meine Liege.

»Haste überhaupt 'ne Liegeerlaubnis?« Leise fragt Hans das.

»Ja«, sage ich, »hab ich mir ergaunert, Rückenschmerzen. Aber du hast doch auch gelegen, als ich reinkam?«

»Solche wie ich kriegen immer 'ne Liegeerlaubnis«, antwortet Hans.

Ich richte mich halb auf.

»Wer ist das denn, solche wie du, mit Zeitungen und Fernsehern auf der Zelle bei der Stasi?«

Als Antwort kommt ein Ton, der wie unregelmäßig entweichende Luft aus einem Luftballon klingt.

Stille. Dann: »Das sind die, bei denen wahrscheinlich ist, dass sie zum Tode verurteilt werden.«

Nun bin ich es, der aufsteht und in der engen Zelle auf und ab geht.

»Heißt das, dass du meinst, du wirst zum Tode verurteilt?«

Hans dreht sich schwerfällig auf seinem Hocker in Richtung Glasziegelfenster: »Ich meine es nicht, ich weiß es. Sieht danach aus.«

Der Posten löscht von außen das Licht, und als ich Hans weiter frage, fliegt der Schlüsselbund des Postens an die Tür: »Nummer 1 und 2, Nachtruhe! Maul halten!«

Am nächsten Morgen knallt der Posten wieder den Bund an die Tür: »Frühstück!«

Der Stasi-Essensdienst reißt die Klappe in der Tür auf und wir halten unsere Schüsseln hinaus. Brot, Wurst, Käse, Tee, zwei Eier, zweimal undefinierbar schmeckender Tee in Blechtassen.

Dann am Tisch: Hans sagt nichts, aber ich sehe seine Hilflosigkeit, mit einer Hand das Brot mit Margarine zu bestreichen und gleichzeitig festzuhalten. Ich verstehe, schneide ihm das Brot, bestreiche es mit Margarine, lege Wurst und Käse darauf. Bitte sehr.

Ich möchte an das Gespräch von gestern anknüpfen, aber die Worte kommen mir nur schwer über die Lippen.

»Was – was hast du denn gemacht, ich meine, wofür sollten sie dich jetzt, in der modernen Zeit, in den siebziger Jahren, in der DDR, zum Tod verurteilen? Bist du ein Westspion oder so was, BND oder CIA?«

»Ach was.« Hans kaut, winkt ab.

»Aber was ist es dann?« Meine Frage hängt hilflos im Zwischenlicht der Zelle. An der Decke brummt die Neonröhre.

Der kleine Hans ist mit einem Mal noch kleiner, sinkt in sich zusammen, wirkt fast wie ein Rumpelstilzchen.

»Es ist das: Ich hab Leute erschossen im Krieg. Erschießen lassen.«

»Im Krieg? Du meinst im Zweiten Weltkrieg? Aber jetzt ist 1977?«

»Sie haben es jetzt, vor einem Jahr, herausgefunden. Der KGB. Ich war in Minsk und Moskau in U-Haft, hier in Berlin bin ich seit drei Monaten.«

»Dann warst du Soldat. Aber es sind zig Millionen Menschen gefallen im Krieg ...?«

Hans fährt sich mit den Fingern durch die spärlichen grauen Haare auf seinem Schädel.

Ich schlucke und fange wieder an: »Wie meinst du das: Leute erschossen? Warst du bei der Gestapo oder bei der SS?«

»Nein, nicht so. Ich war Wehrmachtsoffizier. Aber abgestellt zur Bewachung von Kriegsgefangenen.«

»Was meinst du mit ›Nicht so‹?« Ich muss mich überwinden, weiterzufragen.

»Heißt das, du hast den Befehl gegeben an deine Soldaten, Gefangene umzubringen?«

Hans winkt ab. »Was denkst du denn, was da los war. Das hat doch überhaupt niemand mehr interessiert. Da gab's nur diesen Befehl, im Krieg gibt's keene Haager Landkriegsordnung, da zählt nur: du oder die.«

Hans ruckt herum und schaut mir ins Gesicht.

»Ich dachte, es ist lange vorbei. Ich hab nach 45 neu angefangen.«

Allmählich dämmert es mir. Mit einem Kriegsverbrecher haben sie mich auf die Zelle gesperrt. Ich bin der Zellenkumpan von Hans, dem Mörder von Kriegsgefangenen.

Eigentlich will ich nicht mehr weiterfragen, eigentlich will ich nichts mehr hören von Naziverbrechen, ich will bei meinem Thema bleiben, mir Gedanken um meine Konflikte mit dem Staat machen, um die neuen Konflikte. Mich nicht um

Nazidreck kümmern müssen. Und eigentlich will ich schon gar nicht in dieser Zelle sein, mit diesem Hans. Ich bin es aber. Fein ausgedacht.

Wer in unsere Fänge gerät, kann nicht besser als Nazis und Faschisten sein. Ob du sowjetische Kriegsgefangene umbringst oder Spottgedichte über Erich Honecker schreibst: alles Faschisten, alles Feinde des Sozialismus.

Ich weiß nicht, was ich Hans noch fragen soll.

»Du fragst ja gar nüscht mehr?«, sagt Hans. »Hast wohl schon genuch?«

Eigentlich hat er recht, eigentlich reicht's mir, und die Geschichte mit dem Fernseher in der Zelle, das ist makaber. Als Gnadenerweis vorm Tod ein bisschen »Aktuelle Kamera« gucken dürfen.

Was hat Hans die ganzen Jahre über gemacht, wie hat er gelebt, was hat er gedacht?

Und wie sind sie ihm auf die Spur gekommen, warum ist er nicht in den Westen gegangen nach dem Krieg, wo sie doch mit Naziverbrechern so milde umgehen sollen, jedenfalls milder als im Osten. Alte Nazirichter in bundesdeutschen Gerichten, das habe ich, als ich noch in Leipzig wohnte, doch abends im schneeverrauschten ZDF gesehen, oder in »Panorama«, ARD.

Aber dann erzählt Hans. Er war Kompanieführer, im Hinterland, eine Kompanie Etappenschweine stand unter seinem Befehl, ständig auf Achse zwischen Kursk und Leningrad, zumeist als Wachmannschaft für gefangen genommene Sowjetsoldaten. Die Wachkompanie begleitete die Kolonnen von Gefangenen nach Westen, Richtung Deutschland, bis zu den ersten Eisenbahn-Verlademöglichkeiten. Der Befehl an Hans lautete: Bis zu je dreihundert Gefangene werden vor Transport »entsorgt«. Hohe Offiziere der Waffen-SS fuhren vor und sagten: »Die nehmt ihr aber nicht mehr mit, das wird doch zu viel, oder?« Ökonomische Notwendigkeit.

Spaten ausgeben, Erdaushub auf zweihundert Meter Länge, zwei Meter tief, und hopp, hopp. Als das Loch fertig war, kam der Wehrmachtsvorgesetzte von Hans angefahren, mit einem SS-Offizier. Befehl: je fünfzig gleichzeitig. Die Gefangenen traten vor die Grube, Hans gab seinen Soldaten den Befehl: Legt an. Hans ächzt. »So ging das, hintereinanderweg. Immer wieder.«

Ich blicke auf seine Hände, die auf den Tisch klopfen, tack, tack, tack. Wie Salven.

»Und wenn du gesagt hättest, das sind Kriegsverbrechen?«

Hans lacht verzweifelt auf. »Na da wäre ich sofort, ohne Kriegsgericht und ohne alles, von der Waffen-SS oder meinen Vorgesetzten erschossen worden. Und jetzt haben eben die hier mich dran.«

Dann wieder unsere Frühstücksgespräche, bevor es zur Vernehmung geht. »Kannste mir noch 'ne Bemme schmiern?«

Hans kaut. »Und dir hacken die jetzt den Kopp ab wegen den Hetzgedichten?«

Ich sage: »Bei Hitler wäre ich vielleicht schon tot.«

Hans sagt: »Die hier machen dich doch ooch tot, wenn de was gegen sie gesagt hast, nur nich gleich.«

»Mich machen sie schon nich gleich tot.« Ich trinke vom undefinierbaren Tee aus der Blechtasse. »Und du? Haste auch selber abgedrückt?«

Hans sagt: »Gib mir doch noch ä bissl Läberwurscht, die schmeckt doch gar nich so schlecht.«

Freitags, wenn in der DDR, vielleicht in ganz Deutschland Badetag ist, geht auch bei der Stasi alles baden, oder zumindest duschen.

»Du!«, sagt der Schließer vor der Duschzelle, und sein Finger weist streng auf mich und auf die schäbige Pappschachtel mit Einmalduschpackungen für Häftlinge. Ich nehme die Duschutensilien und trete nackt mit Hans in die Nasszelle. Die Stasi stellt das Wasser an. Wir können nichts regulieren.

Sie könnten uns auch vergasen, aber sie duschen uns nur. Das Wasser ist mal heiß, mal eiskalt, mal lau.

»Ich kann nicht«, sagt Hans.

»Was?«, frage ich.

»Ich kann mich so nich waschen, komme nicht auf meinen Rücken.«

»Kannst du dir wenigstens den Sack waschen?«, frage ich.

»Den Sack ja, aber nicht den Arsch, nicht mit links. Vielleicht kannst du?«

Ich wasche für das Verfassen von staatsfeindlichen Gedichten dem Kriegsgefangenenmörder den Arsch. Ich wasche Hans auch den Rücken und die Beine. Den Kopf kann er selber. Ich ziehe ihm die Arschbacken auseinander und dusche ihm den Dreck weg.

Nach drei Minuten schreit der Stasischließer: »Aus!«

Ich trockne Hans den Rücken.

»Was hättest du denn gemacht, wenn du deine Dichterkollegen hättest umlegen müssen, um frei zu bleiben?«, fragt Hans, zurück auf der Zelle.

»Warst du denn frei, nachdem du die Russen hast erschießen lassen?«, frage ich zurück.

Hans überlegt.

»Nee, frei habsch mich nich gefühlt, hab mich so geschämt.«

»Konnte man sich nicht versetzen lassen?« Hans schüttelt den Kopf und legt sich auf die Holzliege.

»Da bekam man Nachteile, da wäre man doch gebrandmarkt gewesen.«

»Was denn, um keine Nachteile zu haben, lieber Leute erschießen lassen?«

Er dreht sich zu mir.

»Euch junge Leute heute versteh ich nich. Der Staat hier führt doch keenen Krieg, das ist doch schon mal in Ordnung, das hat doch Zukunft, anders als Hitler, und wenn ein

Staat in Ordnung ist, grundsätzlich, kann man doch ooch die Schnauze halten, oder?«

»Na ja, wenn der Staat grundsätzlich in Ordnung ist, muss man grundsätzlich seine Schnauze nicht halten müssen.«

Der Alte schüttelt den Kopf und dreht sich weg.

Am nächsten Morgen hat der Kriegsverbrecher Durchfall. Er krümmt sich. Ich klopfe an die Tür und sage dem Posten Bescheid, dass wir den Sanitäter brauchen.

Der Sani kommt nicht, jedenfalls nicht sofort. Hans kackt vor meinen Augen, bis das Papier alle ist. Ich klopfe wieder, um neues Klopapier zu bekommen. Schließlich bringt der Stasihausmeister, der Kalfaktor, fünf Rollen.

Hans sagt: »Mir sind eehm echte Kameraden.«

Ich verstehe: Wir sind echte Kameraden, wie am Massengrab, so am Arsch.

Wochen vergehen. Ich habe mich an meinen Kriegsverbrecher gewöhnt.

Was ist eigentlich mit seinem Arm?

Gefangenschaft in der Schlacht am Kursker Bogen. In Westsibirien, Entnazifizierung. Jeden Tag tote deutsche Gefangene, bei der Arbeit im sibirischen Bergwerk. Hans verlor nur seinen Arm. Nach der Entlassung zu Fuß von Sibirien nach Leipzig. Zu seiner Frau, die schon mit einem anderen lebte, 1952. Dann Hilfsarbeiter, SED-Mitglied, Abitur nachgeholt, Qualifizierungen, Fachschulstudium, ab Ende der Fünfziger Direktor in einem Hallenser Gemüsebetrieb. Jeden Freitag, sagt er, seit Kriegsende, hätte er darüber nachgedacht, ob er das bevorstehende Wochenende noch frei überleben würde. Und warum ist er damals nicht in den Westen gegangen?

»Es war doch nu alles schon Jahre her, und es hatte doch ooch eene neue Zeit begonnen …«

Hat er wirklich geglaubt, die neue Zeit überdeckt die alte Schuld?

»Ich hab doch mein ganzes DDR-Leben für den Aufbau von was Besserem geopfert. Ich hab doch für den Staat ooch was geleistet, für den Sozialismus!«

Er hat »geopfert« gesagt.

»Mir mussten doch schießen, ich hab's so bedauert, dass ich die totmachen lassen musste, aber ich musste doch, sonst wär ich selber dran gewesen.«

Immer wieder meine Fragen, immer wieder die gleichen Antworten.

Ein Mörder verweist auf seine potentiellen Mörder, darf ich das so denken?

»Und wenn se dir schon nich den Kopp abhacken, weil de se kritisiert hast, mit deinen Hetzgedichten«, sagt Hans, der Kriegsverbrecher, »dann buchten se dich so lange ein, bis dir das Schreiben vergangen is.«

Ich wasche ihm weiter jeden Freitag den Rücken.

Hans sagt, das hätte er nicht gedacht. Dass ihm ein DDR-Dissident, das bin ich für ihn, den Buckel wäscht. Ich rubbele ihm den Rücken mit dem Stasibadetuch. Ich weise ihn auf einen Schaden auf seiner Rückenhaut hin: »Du hast 'ne dicke aufgebeulte Talkdrüse links unten.«

Hans und ich in der Stasizelle. Der Kriegsgefangenenmörder und der Gedichteschreiber. Wir sitzen auf unseren Schemeln an einem Tisch. Wir schweigen.

U-Haft, Ende August. Seit zwei Wochen bin ich nicht mehr zu Vernehmungen geholt worden.

Der Strafprozess gegen mich könnte jetzt eigentlich beginnen, hat der Vernehmer bei der letzten Vernehmung gesagt. Das bedeutet, sie müssten mir eine Anklageschrift überreichen oder zumindest verlesen, meine »Untaten« gegen den sozialistischen Staat auflisten. Dann müsste sich ein Pflichtverteidiger meiner annehmen. Irgendein IM-Anwalt, der versucht, die Richter zu besänftigen. Dem Gericht erklären, wie verblendet ich als junger Mensch gewesen sei, wie fehlgeleitet durch falsche Einflüsse, aus dem Westen, und noch mehr durch konterrevolutionäre Ideen und Ideenträger, ja geradezu unzurechnungsfähig.

Ich warte also auf eine Verurteilung durch irgendein Militär-Obergericht, auf Jahre im Militärgefängnis Schwedt, dem größten Militärknast der DDR, ich warte auf meine harte und unverdiente Strafe.

Das versuche ich jetzt anzunehmen.

In den letzten Monaten im Knast bin ich ruhiger geworden. Ich nehme die Dinge, wie sie kommen. Ich bin den Werbungen der Stasi nicht erlegen, ich habe mich berappelt, nachdem sie mich mit Hans zusammensperrten. Mit Hans teile ich immer noch die Zelle.

»Das ist die zentrale U-Haft des Ministeriums für Staatssicherheit, und hier sitzen die harten Jungs«, sagte mir die Stasi am Anfang meiner Zeit hier. Also bin ich hier ein Stück weit hart geworden.

Hans und ich, wir sitzen nach dem Abendessen wie immer auf unseren Holzschemeln am Zellentisch, und längst ist der Zellentag vorbei, jetzt ist Freitagabend, draußen ist

Sommer, bald werden wir wieder das Geräusch von ins Wasser eintauchenden Körpern hören, die Stasimannschaften haben offenbar gleich neben dem Knast ein Schwimmbecken, die ganze Sommerzeit über waren die fröhlichen Rufe von Männern zu hören, die sich im Wasser abkühlten.

Jetzt aber fehlt nur noch der Nachtruhe-Befehl des Postens von draußen auf dem Gefängnisgang. Es sind die ruhigsten Minuten des Gefängnistages im »Verwahrraum«.

Doch plötzlich wird die Tür aufgeschlossen, Hans und ich springen auf und nehmen Haltung an. Der Posten will die Nr. 2, also mich: »Raustreten!« Der Weg führt über das Rotlampensystem, eigenartigerweise aber nicht Richtung Vernehmungstrakt, sondern der Posten bringt mich in den Verwaltungstrakt. Warum das denn?

Nach dem Passieren einer gepolsterten Durchgangstür übergibt er mich einer Gruppe von Stasioffizieren in Zivil. Einer von ihnen sagt, ohne mich anzublicken: »Bitte warten.«

Ich glaube, nicht richtig gehört zu haben. Hat der »bitte« gesagt?

Dann öffnet ein anderer eine nächste gepolsterte Tür, er gibt mir ein Zeichen, einzutreten. Ich trete ein und stehe in einem gediegen vornehmen Zimmer. Hinter einem Schreibtisch sitzt ein grauer Herr mit grauem Anzug und grauem Haar und roter Krawatte. Er könnte ein Offizier sein oder ein Richter oder irgend sonst jemand, vielleicht ein Anwalt. Eben einer von denen.

Er hält es nicht für nötig, etwas zu seiner Person zu sagen, sondern deutet mir mit einer Handbewegung an, auf dem vor dem Schreibtisch stehenden Stuhl Platz zu nehmen. Nun schlägt der Graue eine Ledermappe auf und liest vor: »Name, geboren, Ermittlungsverfahren wegen staatsfeindlicher Hetze und Herabwürdigung von staatlichen Symbolen in Form von Texten, Gedichttexten und Liedertexten, können Sie mir das bestätigen?«

Ich bin angespannt. »Genau deswegen bin ich hier.«

Der Graue klappt die Mappe wieder zu und schiebt sie an den Tischrand.

»Die Regierung der DDR hat mich bevollmächtigt, Ihnen mitzuteilen, dass die mit Ihnen bekannten Personen Gerulf Pannach, Christian Kunert und Jürgen Fuchs heute aus der Untersuchungshaft des Ministeriums für Staatssicherheit entlassen wurden.«

Ich halte mich am Stuhl fest wie früher beim Zahnarzt. Freigelassen, wie das denn? Ist die Demokratie ausgebrochen in der DDR?

»Ihre Bekannten haben es vorgezogen, nach Westberlin auszureisen, um einer längeren Haftstrafe aus dem Weg zu gehen«, sagt der Graue unbeteiligt und reibt sich die Hände, unklar, ob aus Selbstunsicherheit oder aus Häme.

Westberlin? Frei! Aber: im Westen?

Ich habe noch nicht geantwortet, da redet der Graue schon weiter. »Da bei Ihnen der Straftatbestand ähnlich liegt und Sie sich in gewisser Weise künstlerischer Mittel bei Ihren Verbrechen bedient haben, zeigt sich die Regierung der Deutschen Demokratischen Republik großzügig und überlässt Ihnen die Entscheidung, ob Sie die DDR ebenfalls verlassen wollen, und zwar innerhalb kürzester Zeit, oder ob Sie sich dem normalen Ablauf und damit einer Verurteilung zu einer längeren Haftstrafe in der DDR stellen wollen.«

Mein Vernehmer hatte gemeint, für meine Hetzgedichte gegen die DDR seien bis zu sechs Jahre drin. Will ich den »normalen Ablauf des Verfahrens«?

Der Graue sagt: »Überlegen Sie sich die Angelegenheit in Ruhe. Sie wissen, dass Sie von einem Militärgericht verurteilt werden, und Sie wissen auch, was das für die Höhe Ihrer Haftstrafe zu bedeuten hat.«

Ich habe Angst vor den langen Jahren in Gefängnisbaracken. Ich habe aber auch Angst vor dem Westen. Ich sage:

»Ich freue mich für die drei, dass sie frei sind, sie saßen unschuldig wie ich, aber ich, ich kann da doch nicht hin.«

Der Graue nimmt jetzt einen Zettelblock zur Hand, macht eine Notiz: »Wir geben Ihnen 24 Stunden Bedenkzeit, überschlafen Sie die Angelegenheit. Wir sprechen dann noch einmal mit Ihnen.« Er steht auf.

Ich stehe automatisch auch auf: »Und wer sind Sie eigentlich und in welcher Funktion führen Sie dieses Gespräch?«

»Ach so«, der Graue macht eine joviale Geste mit der linken Hand, »ich heiße Hartmann, vom Anwaltsbüro Vogel.«

Die Tür öffnet sich wieder, draußen stehen die zivilen Stasis und nehmen mich in Empfang. Von drinnen ruft der Graue noch etwas, wahrscheinlich eine Verabschiedung, aber ich kann nicht mehr antworten, mir ist schlecht.

Von der Möglichkeit, schnell freizukommen, hin- und hergerissen, setze ich mich in der Zelle an den Gefängnistisch und berichte Hans. Als er hört, dass ich »Nein« gesagt habe, bekommt er einen Wutanfall.

»Selten dämlicher Hund«, faucht er, »und wenn sie dich am Nordpol aussetzen würden: Hauptsache, raus hier!«

Ist ihm aufgetragen worden, so zu reagieren?

»Am Nordpol erfriere ich, aber im Westen auch«, antworte ich. »Armer Idiot«, sagt Hans, der Kriegsverbrecher, »der Westen ist wahrscheinlich heißer, als du denkst.«

An Schlaf ist in der folgenden Nacht nicht zu denken. Ich zerkratze mir wieder den Kopf, diesmal vor Aufregung. Ich wälze mich und kann keine Antwort finden. Dann schlafe ich im Morgengrauen doch noch ein. Ich sitze im Traum an einem Tisch, Rotwein trinkend, auf Zetteln herumkritzelnd, Gedichtzeilen.

Als ich aufwache, fällt mir ein, dass ich gar nicht mehr weiß, wie Rotwein schmeckt.

Es ist Samstagmorgen. Am Vormittag werde ich geholt. Samstag wird man bei der Stasi nie zur Vernehmung geholt.

Mein Vernehmer sitzt wie immer hinter seinem Schreibtisch, als sei eine Vernehmung angesetzt, und fragt wie immer, ob es »etwas Neues« gebe.

Ja, es gibt etwas Neues. Ich will wegen meiner Gedichte nicht Jahre in DDR-Gefängnissen brummen. Dann muss ich eben am Wannsee Schuhe putzen. Ich sage: »Lassen Sie schon die Papiere bringen.«

»Welche Papiere?« Der Vernehmer tut erstaunt.

Ich erzähle ihm von der Möglichkeit eines raschen Ausflugs von Hohenschönhausen zum Ku'damm.

»Dass das so schnell geht, hätt' ich nich gedacht.« Wie er das sagt, wirkt er fast glaubwürdig, leider lügt er, er muss ja, in diesem abgekarteten Spiel.

Das erste Mal seit den Monaten hier im Stasiknast bekomme ich so etwas wie Oberwasser. Sie werden mich nicht erschießen, sie werden mich nicht jahrelang in Gefängnissen quälen, sie lassen mich ziehen. Lassen sie mich wirklich?

»Ich geh jetzt mal raus und schau, ob da was liegt«, sagt der Vernehmerhauptmann und geht nach draußen. Es ist, als ob er gesagt hätte, ich geh jetzt mal raus und schaue, ob da vielleicht ein Osterei liegt. Und tatsächlich kommt er mit einem Formular zurück, wieder werden Kaffee und Kuchen serviert, diesmal von einem Läufer, der sich erst die Pistolentasche, die ihm zu weit nach vorn gerutscht ist, nach hinten schieben muss. Ich lese den vom Vernehmer herübergereichten »Antrag auf Entlassung aus der Staatsbürgerschaft der DDR«.

»Ich will hineingeschrieben haben, dass ich in den Westen gehe, um einer langen Haftstrafe aus dem Weg zu gehen. Das steht hier nicht drin.«

Der Hauptmann verdreht die Augen: »Nu machen Se es uns allen doch nicht so schwer!«

»Nein«, sage ich, »ich will das dokumentieren, wie ihr mich hier aus dem Land schmeißt.«

»Wieso denn schmeißen, wir setzen Sie auf freien Fuß«, sagt der Hauptmann.

»Wie viel kassiert ihr denn für mich?«

»So viel, wie du uns wert bist.« Der Hauptmann duzt mich, aber jetzt stört es mich nicht mehr.

»Und wenn ich nein sage?«

»Gibt's ein paar Jährchen Militärgefängnis in Schwedt«, sagt der Hauptmann spitz.

Auf dem Formular ist schon alles vorausgefüllt, es fehlt nur noch meine Unterschrift.

»Ich kann Sie ja verstehen«, sagt der Hauptmann, »aber es ist für Sie doch das Beste, und wir ersparen uns Vorwürfe, international.«

Mir fällt eine Songzeile von Pannach ein: Herr Hauptmann, ach Herr Hauptmann, darauf kommt's ja überhaupt an!

»Das Beste, das Sie für mich vorgesehen hatten, waren ein paare Jahre Schwedt für ein paar Gedichte.«

Er grinst. »Warum waren Sie auch so unvorsichtig?«

Schon gut. Ich bringe das jetzt hier zu Ende. Ich nehme den Stift, den er mir mit dem Antrag auf Entlassung aus der Staatsbürgerschaft der DDR gereicht hat, und unterschreibe.

Der Vernehmer springt auf, läuft um den Schreibtisch herum und ergreift meine Hand, die ich ihm nicht gereicht habe.

»Ich kann Sie ja verstehen, aber noch mal, es ist das Beste für Sie, und diplomatisch sind wir so aus dem Schneider.«

Ich sage: »Ich werde auch im Westen nicht den Schnabel halten.«

»Na klar«, sagt er, »aber wir können auch dort sehr gut zuhören, wir sind doch nicht die Feld-Wald-und-Wiesen-Polizei von Westberlin, sondern das Ministerium für Staatssicherheit.«

»Gut zu wissen, dass Sie da wenigstens nicht vorfahren können, um mich abzuholen«, antworte ich.

»Na, jetzt können Sie ja bald schlemmen und dicke Westpakete in die DDR schicken«, frozzelt der Hauptmann.

Ich sage: »Ihr kämpft auf verlorenem Posten, ihr habt doch jegliche Legitimation verloren, ihr tut mir leid.«

Es ist das Jahr 1977. Der Hauptmann sagt: »Du tust mir auch leid. Ein, zwei Jahre werden sie dich wohl nicht fallenlassen drüben, als DDR-Opfer«, er lacht zynisch, oder bitter, »aber dann geht's mit dir bergab, wenn der Mediengeilheit Genüge getan ist, du wirst schon sehen.« Jetzt duzt er mich schon wieder. Egal.

»Auch ein Schuhputzer kann abends an den Wannsee gehen und muss nicht in der Stasizelle sitzen, weil er Gedichte geschrieben hat.«

Der Stasihauptmann sagt förmlich: »Ich wünsche Ihnen alles Gute drüben.« Und er ergreift erneut meine nicht dargereichte Hand.

Und dann werde ich doch wieder auf »meine« Zelle zurückgebracht, zu Hans.

Am Morgen darauf wird die Zellentür aufgerissen, ein Blaukittel stellt sich als zweiter Anstaltskalfaktor vor, er tritt in die vom Läufer geöffnete Tür, er hat eine braune Kladde in der Hand, in der genau aufgelistet ist, welcher Häftling aufgrund welcher Zahlung von Angehörigen welchen Kontostand bei der Bestellung von Kleinbedarf für Körperpflege und Nebenverpflegung aufweist. Kekse, einmal in der Woche Bohnenkaffee, manchmal Schokolade, und er sagt in breitem Sächsisch: »Fimmpfunddreisssch Moarg ham Se noch druff.«

Meine Mutter hat mir die eingezahlt. Die müssen also noch verbraucht werden, verprasst sozusagen, auch bei der Stasi geht alles ordentlich deutsch zu.

»Was gibt's denn Schönes?«, will ich wissen.

Der Kalfaktor blättert in der braunen Kladde um und liest vor: »Schokokekse, Hallorenkugeln, Kekse ohne Schoko,

Milchschokolade, Pralinen Musterklasse, Saure Drops, Erdbeerbonbons mit Sahnemantel, Orangensaft Fruchtgehalt 20 Prozent, Selters, Rotkäppchensekt lieblich, de Getränke nur in Plastebechern.« Der Kalfaktor schlägt die Kladde zu.

»Gibt's keinen trocknen Rotkäppchen?«

»Lieblich«, sagt der Kalfaktor streng.

Ich bestelle Schokolade, Hallorenkugeln, Pralinen, Schokokekse, Orangensaft und Rotkäppchensekt lieblich.

Der Kalfaktor schreibt mit, rechnet nach und kommt zu dem Schluss: »Sinn immer noch vier Moarg fuffzsch übrig.«

»Die spende ich für den Aufbau des Sozialismus«, sage ich.

Der Kalfaktor bleibt ungerührt. »Dos missense mir ober quittieren. Und die Wore liefere isch Ihnen gleisch.«

Der Kalfaktor verschwindet wieder, der Läufer schließt die Tür wieder. Nein, er schließt die Tür gar nicht, er lehnt sie nur an!

Der alte Hans und ich sind überrascht. Draußen geht, in Türnähe, der Posten auf und ab, wir hören das Klacken seiner Stiefel, mal nähert es sich, mal entfernt es sich, es entfernt sich aber mehr und mehr. Schließlich gehe ich zur Tür und spähe durch den Spalt. Etwa 20 Meter entfernt steht der Posten mit Maschinenpistole, er wartet augenscheinlich, und weiter hinten im Gang steht noch ein Flurposten mit MPi.

Nach einer Weile rumpelt es im Flur, der Kalkfaktor schiebt ein Wägelchen vor die Zellentür. »Gönnse mir moa hälfen?«

Kekse, Schokolade und ein Plastebecher wechseln auf den Zellentisch. »Hamm Se nich noch 'nen zweiten Becher?«, frage ich den Kalfaktor.

Der Kalfaktor belehrt mich: »Der Verzähr is nur für Ihre Person vorgesehen, also gib's ooch nur een Becher.«

Doch ich bin genauso schlau wie er: »Ich will doch aber Rotkäppchen und Orangensaft nich aus einem Becher trinken, das schmeckt doch nich!«

»Stimmt ooch wieder«, sagt der sächsische Stasi-Kalfaktor und gibt mir einen zweiten Plastebecher in die Zelle.

»Flasche bleibt draußen, Wagen bleibt hier stehen, bis Verzehr beendet, wenn Se nachgeschenkt ham wollen, klopfen Se, verstanden!«

Verstanden.

Ich bitte um den ersten Aufguss von Sekt, der Kalfaktor entkorkt die Flasche, der Korken knallt, der Posten dreht sich kurz um, es wird eingeschenkt, die Zellentür wird verschlossen. Prost. Wir stoßen an, der erste Alkohol nach Monaten. Hans sagt, nach Jahren. Komisch, schmeckt wie Benzin. Wollen die uns am Ende vergiften?

Nein, wir sind nur den Geschmack nicht mehr gewöhnt, können es gar nicht glauben, dass wir hier sitzen und Alkohol trinken.

Ich trinke Sekt auf der Stasizelle mit einem alten Kriegsverbrecher, dem ich einmal pro Woche den Arsch gewaschen habe. Häftlingssaufen in der Stasizelle, wenn das nicht Rock'n'Roll ist, dann gibt's gar keinen Rock'n'Roll.

Hans erzählt, wie es früher auf dem Ku'damm ausgesehen hat, gleich nach dem Krieg: »Da gehst du also nun bald spazieren.«

Ich klopfe an die Tür, der Posten öffnet die Klappe in der Tür, ich bitte um Nachschenken. Der Posten schiebt die MPi auf den Rücken und schenkt nach. Nach dem zweiten Becher sind wir besoffen und fallen auf die Pritschen.

Am nächsten Morgen wird die Zellentür geöffnet, der Posten steht da, ein Läufer und ein Stasioffizier in Uniform, ein Major. Der Major lächelt.

»Herr Sallmann, jetzt ist es so weit.«

Nicht mehr Nummer zwo, nein, Herr Sallmann. Ich stehe

auf und drehe mich zu Hans. So stehen wir uns gegenüber: Der kleine gebeugte alte Mann mit nur noch einem Arm, mit seinem Krieg, mit seinen Taten und seinen zig Jahren DDR-Leben, VEB-Gemüsebranche, Kriegsverbrecher und SED-Funktionär, und der Gedichteschreiber aus Leipzig. Hilflos stehen wir uns gegenüber. Der alte Hans bekommt feuchte Augen.

»Na dann mach's gut, Michel«, brummt er. Ich drücke seine Schultern, will Dummheiten sagen, du kommst hier auch noch raus oder so ähnlich, lasse es dann. Ich trete hinaus auf den Zellenflur. Routinemäßig knallt der Läufer die Tür zu und wirft die Riegel. »Komm Se!«

Ich drehe mich noch einmal zur Tür um, grau mit schwarzen Stahlriegeln, dahinter der alte Hans, vor dem mit Glasziegeln zugemauerten Fenster.

»Komm Se.«

Die Treppen hinunter, Einschluss in eine Einzelzelle. Aufschluss der Zelle, die Tür bleibt wieder angelehnt, ich schiebe sie vorsichtig auf und blicke in den Zellenflur. Der auf und ab gehende MPi-Posten sieht das, reagiert aber nicht. Der Hausmeister-Kalfaktor taucht auf und hat eine Auswahl Socken, Unterwäsche, Hemden, Hosen und Jacketts auf seinem Wägelchen. Wenn sie mich in den Westen fahren wollen, müssen sie mir neue Kleidung geben, ich bin ja in der Kampfuniform der Nationalen Volksarmee verhaftet worden, sie können mich ja nicht mit Stahlhelm über die Grenze fahren.

»Probieren Se ma an, was Ihnen basst, und dann klopfen Se«, sagt der Kalfaktor.

Ich probiere, aber nur die Unterwäsche passt. Ich klopfe, es dauert, dann erscheint der Kalfaktor und will wissen, ob alles in Ordnung ist. Ist es nicht.

»Na ja, dann passen Se mal uff«, sagt der Kalfaktor, »komm Se mal mit, wie Se sinn, mier gucken unten mal nach.«

Ich trete in Anstaltslatschen und Unterwäsche hinaus auf den Flur, der Kalfaktor ruft dem Posten zu: »Ich nähm den nur mal mit zum Anbrobiern.«

Ich folge ihm hinunter in einen Keller, in eine Kleiderkammer, eher Kleiderhalle, die auf mich wirkt wie ein Kostümverleih oder ein Fundus in einem Theater, eine Requisitenkammer, hunderte Anzüge, Hemden und Hosen hängen unter der Decke an Haken, wahrscheinlich alles Kleidung von Verhafteten, die hier einsitzen oder einsaßen. Ich probiere noch einiges an. Ein quittegelbes Hemd und ein kackbrauner Nadelstreifen-Jugendmodeanzug passen einigermaßen, dazu kommt noch ein Paar ekelhafter schwarzer Lackschuhe.

Der Kalfaktor sagt: »Einmal Unterwäsche, ein Paar Socken, ein Oberhemd, ein Anzug, Jugendmode, einmal Stofftaschentücher, ein Paar schwarze Lackschuhe. Und bidde hier noch mol zu underschreiben.«

Ich unterschreibe.

»Und hier bitte noch ä mal«, sagt der Kalfaktor.

Hiermit überlasse ich der Deutschen Demokratischen Republik für den weiteren Aufbau des Sozialismus 4,50 Mark der DDR.

Ich unterschreibe.

»So, das hätt'n morr.«

Der Kalfaktor ist zufrieden. Ich folge ihm wieder nach oben, ins Erdgeschoss, ich folge ihm Richtung Ausgang, dahin, wo sie mich vor Monaten eingeliefert hatten. Wir verlassen den Zellentrakt durch die gepolsterte Tür, und plötzlich sehe ich mich in einem Spalier von uniformierten und zivilen Staatssicherheitsoffizieren. Alle lachen, grinsen, oder hüsteln, hämisch, verhalten. Wahrscheinlich freuen sie sich darüber, dass einer wie ich jetzt ins imperialistische Chaos hinausgestoßen wird, womit sein Untergang für sie besiegelt zu sein scheint. Ich aber erlebe meine Auferstehung. Der

Kalfaktor lenkt mich in einen kleinen Nebenraum: »Bidde underschreiben.«

Hiermit bestätige ich die Rückgabe folgender Gegenstände: 1 Brieftasche, 1 Uhr »Ruhla«.

»Und bidde hier noch eemal.«

Hiermit nehme ich zur Kenntnis, dass ich als Soldat aus der Nationalen Volksarmee der Deutschen Demokratischen Republik in Unehren entlassen worden bin.

»Unterschrift bidde hier.«

Aber gern. Entlasst mich, immerzu.

Wir treten in die Verhafteten-Anlieferungshalle von Hohenschönhausen. Der Stasi-Barkas-Kleinbus mit der Tarnaufschrift »Frische Fische!« steht schon bereit.

»Hände!«

Ich bekomme wieder Handschellen angelegt und werde in eine der sechs kleinen Zellen des Fahrzeugs eingeschlossen. Das Licht wird wie üblich ausgeschaltet. In der »Blackbox« geht es wieder durch Ostberlin. Die Fahrt endet im Stasigefängnis Magdalenenstraße.

Ich steige aus. Wie ich so auf dem Gefängnishof stehe, im Nadelstreifenanzug der Staatssicherheit und im gelben Pirol-Hemd, glitzern die silbernen Handschellen fast wie überdimensionierte Silberkettchen an den Handgelenken. Ein zivil Gekleideter schließt mir die Handschellen ab und bringt mich erneut in eine Zelle. Kurze Zeit darauf wird die Zellentür wieder geöffnet, diesmal stehen zwei Stasi-Offiziere in Uniform da, von denen mir der eine wortlos eine grüne Urkunde reicht.

Ich nehme sie und lese: Urkunde über die Entlassung aus der Staatsbürgerschaft der Deutschen Demokratischen Republik. Tritt mit Aushändigung in Kraft.

Aha, jetzt bin ich also kein Staatsbürger der DDR mehr. Dafür ist das Ambiente noch sehr DDR-mäßig. Die zwei Offiziere fordern mich auf, ihnen zu folgen. Aus einer Zelle holen sie einen Lederjackentyp, der sich mir als Bernd Markowski aus Jena vorstellt. Auch er bekommt die grüne Urkunde ausgehändigt. Markowski sieht aus wie einer von uns. Uns? Einer von uns: Das meint, wir sind gegen die hier. Die Offiziere lassen uns mit unseren Urkunden stehen. Sekunden später wird Aljoscha gebracht, mit dem ich Wochen auf einer Zelle zusammengeschlossen war, auch er mit grüner Urkunde. Mensch, Aljoscha! Schön, dich zu sehn!

Nun geht alles sehr schnell. »Komm Se, komm Se!«

Die Offiziere öffnen eine Tür zum Gefängnishof, da stehen drei schwarze Shiguli-Limousinen mit laufenden Motoren. Handschellen? Nein, keine Handschellen mehr, aber auch keine Erklärungen, Markowski, Aljoscha und ich auf die Rückbank des mittleren Autos, vorn der Fahrer und ein Stasi in Zivil, in den Autos hinter und vor uns je drei Stasis in Zivil. Das Gefängnistor öffnet sich, wir fahren los und sind mitten im schönsten Ostberliner Spätsommer. Frauen in luftigen Kleidern, Kinderwagen, grüne Bäume, langhaarige Jugendliche, Straßenbahnen, so, als sei alles völlig normal.

Wir glotzen und glotzen, Folge des optischen Reizentzuges.

»Haben euch die Schweine geschlagen?«, fragt Aljoscha. »Nee«, antworte ich, »sie haben mich mit Schokolade gefüttert.« Markowski lacht schrill, und mir fällt ein, dass die Stasi mit im Auto sitzt und Worte wie »Schweine« und »geschlagen« im so genannten Normalfall vielleicht bei einer Verurteilung schon wieder ein halbes Jahr mehr gebracht hätten. Verleumdung. Aber was heißt schon »normal«?

Vor einem Einfamilienhaus der nobleren Art irgendwo im Grünen Ostberlins halten die Fahrzeuge, die Stasimitarbeiter in Zivil steigen aus, halten uns die Türen auf, wir steigen aus. Ein Stasimitarbeiter öffnet die Gartentür zu dem Einfamilienhaus, auf dem Klingelknopf daneben steht nur ein Name: Vogel.

»Bitte gehen Sie jetzt vor zur Haustür«, sagt der Stasi, und wir drei gehen vor zur Haustür, die sich jetzt öffnet und einen gütig blickenden weißhaarigen Herrn zeigt. Der liebe Gott. Anwalt Vogel beglückwünscht uns zu unserer »Befreiung«, wie er sagt, und bittet uns herein.

Ich drehe mich noch einmal um und sehe, die Staatssicherheitsleute sind vor der Gartentür zurückgeblieben. »Mensch, frei«, flüstere ich, »Leute, wir sind raus!«

Drinnen im Haus alles mondän, Vogel kündigt die Abfahrt nach Westberlin an, dann verschwindet er, eine schöne schwarzhaarige Frau erscheint und serviert Kaffee, Coca Cola und Gebäck. Mitten auf dem Tisch, mitten in der DDR, liegen Westzeitungen, der Westberliner »Tagesspiegel«, »Spiegel« und »Stern«.

Aber Aljoscha wird jetzt unruhig, sagt uns und der schönen schwarzhaarigen Frau, dass er es sich anders überlegt hat, seine Unterschrift sei erpresst worden. Er will sofort Vogel sprechen, die Ausbürgerungsurkunde zurückgeben. Die Frau verliert die Fassung und eilt nach draußen, um Vogel zu holen. Vogel stürmt herein, jetzt nicht mehr gütig blickend: Was hier vor sich ginge, sei diplomatischem Geschick und klugem Verhandeln zu verdanken, sagt er scharf, das könne Aljoscha jetzt nicht einfach zunichte machen.

»Das ist mir egal«, sagt Aljoscha und legt Vogel seine Entlassungsurkunde hin.

»Ich will zurück ins Gefängnis, ich hab's mir überlegt, ich bin zur Unterschrift erpresst worden.«

Vogel brüllt jetzt: »Aber Sie kommen aus dem Knast raus, Mann, ist das nix?«

Aljoscha bleibt stur, sagt: »Ich musste was unterschreiben, was ich gar nicht will, ich händige Ihnen hiermit meine Urkunde wieder aus und bin wieder DDR-Bürger. Ich will zurück zur Stasi ins Gefängnis.«

Vogel lacht hysterisch, spricht von »Irrenhaus« und verschwindet.

Die schöne schwarzhaarige Frau erscheint, macht nunmehr ein besorgtes Gesicht und verkündet, es werde sich nun leider alles zeitlich verzögern, Herr Vogel müsse einige Telefonate führen.

Wir knabbern Gebäck und lesen Westzeitungen. Vogel erscheint wieder, ruhiger jetzt, er sagt: »Herr Sallmann und Herr Markowski, wir fahren nach Westberlin. Sie, Aljoscha Schau, bleiben bitte vorerst hier in meinem Haus.«

Markowski und ich wissen nicht, was wir zu Aljoscha Schaus Sinneswandel sagen sollen. Ich für mich habe mich entschieden und ich bringe das jetzt zu Ende.

Markowski und ich folgen Vogel in die Tiefgarage, dort steht ein weißer Mercedes, wir steigen hinten ein, ich sehe am Auto das »CD«, Diplomatenstatus. Vogel öffnet mit einem Knopfdruck die Garagentür und startet den Motor. Langsam biegt der Mercedes in die Straße ein, zwei Shiguli-Pkw folgen uns. Auf der Fahrt durch Berlin fragt Vogel, was »das Ganze« denn nun gebracht habe, außer Tränen für unsere Angehörigen, nichts sei besser geworden, sondern alles schlechter. Was er meine mit »das Ganze«, wollen wir wissen.

Vogel: »Das Texteschreiben, das Flugblattverbreiten, die Diskussionszirkel, einfach alles, alle Ihre ›Aktivitäten‹.«

Wir fragen zurück, was es denn gebracht hätte, diese »Aktivitäten« nicht zu unternehmen.

Schließlich geraten wir in einen Streit mit ihm über Bürgerrechte im sozialistischen Staat. Vogel sagt, er traue keiner der beiden Seiten in Europa, jede Seite würde unter Vorwänden militärisch losschlagen, falls sie für kurze Zeit in die militärisch überlegene Position käme.

In unseren Fällen ging es doch gar nicht um militärische Auseinandersetzungen, widersprechen wir.

Allmählich nähern wir uns dem Grenzübergang Berlin-Invalidenstraße. Schlaglöcher in der Fahrbahn. Ich sehe die Mauer. Vogel biegt in die Diplomatenspur ein und gibt Gas, die DDR-Grenzposten salutieren, der Schlagbaum geht hoch, ohne Stopp geht es durch, plötzlich keine Trabis mehr und keine Schlaglöcher, ich sehe im Augenwinkel ein kleines Grenzhäuschen, eher bescheiden, davor ein einzelner Soldat mit weißem Helm und der Aufschrift »MP«, fremde Maschinenpistole um den Hals, keine Kalaschnikow.

Lese »Alliet Checkpoint«, und am Straßenrand eine riesige bunte Werbetafel mit dem neuen Befehl: Nimm 2!

Anhang

Schlechter Rat

Bei den Kommunalwahlen
enthielt sich der Student S.
der Stimme,

da er, trotz intensiver Bemühungen,
keines Kandidaten Vorschläge hatte
kennen lernen können.
In der wegen dieses Zwischenfalls
mit ihm geführten Aussprache
erklärte ein Genosse
der Ortsparteileitung:
Die Kandidaten seien allesamt
geprüft und ausgewählt, er solle
doch ihnen sein Vertrauen
einfach schenken!

Hatte jener Genosse
die Wahlen verwechselt
mit einem Test,
ob das Volk sein Vertrauen
einfach verschenkt?

Ballade vom Rentner Queitsch

Das ist das Lied vom Rentner Queitsch,
er wohnt bei mir im Haus.
Vor Jahren starb die Frau ihm weg,
seitdem lebt er in Suff und Dreck,
den Nachbarn oft zum Graus.

Ist Queitsch mal geil auf Weiberfleisch,
holt er sich die Hyäne.
So heißt im Dorf der Rentnerschreck,
Zweimeterfrau, schön Fleisch mit Speck,
doch leider fehl'n die Zähne.

Dann badet Queitsch die Frau, sie gehn,
wie'n Brautpaar, brav und niedlich.
Zu Mittag isst sie fünfzehn Klöß'
und braucht zur Nacht gleich viermal Stöß.
Dann wird sie ruhig und friedlich.

Und kommt ein Staatstag mal in Sicht,
kriegt Queitsch ein kleines Päckchen
von der Volkssolidarität,
die fragt aus Anstand, wie's ihm geht,
da kratzt sich Queitsch am Säckchen.

Am nächsten Tag, da ist er blau,
macht voll im Bett die Kissen.
Zum Aufwischen ist keiner da,
sein Sohn sitzt in Amerika,
und will von Queitsch nix wissen.

Liegt auf'm Damm ein toter Hund,
vom Auto breitgefahren,
dann gibt's bei Queitsch ein Festtagsmahl,
das Hundsfell bleicht am Wäschepfahl
und Queitsch kann's Fleischgeld sparen.

Und wenn im Dorf die Glocken schrei'n,
die neue Zeit einstimmen,
erzählt mir Queitsch den schönen Vers
vom Schneeglöckchen, und fragt: Wie wär's?
Komm, Bruder, lass uns singen!

Herbstsorge

Der Herbstwind weht,
der Sommer geht,
saftlos fallen die Blätter.
Ein Kind schon da,
das andre nah.
Das Wohnungsamt wird nicht netter.

Wohin, mein Schatz?
Wir haben kein' Platz.
Wo soll'n zu viert wir bleiben?
Vom Wohnungsamt
sind wir verdammt, Beschwerdebriefe zu schreiben.

Vielleicht klappt es doch
mit so 'nem Loch,
mit dem sie uns beglücken.
Dann haben wir Schwein: Zwei Zimmer, klein,
grad richtig zum Ersticken.

Zweites Gedicht über die Wohnungsnot

Zimmer größer endlich
als Zellen.
Kommunale Wohnungen,
auch für Nichtkommunisten
und mehr Kommunikation
zwischen den Familien.

Arbeitszimmer auch für Arbeiter,
denn die arbeiten, um zu leben
nach der Schicht.

Zwei Räume für Liebende
und kein halber weniger. So
dass sie stets aufs Neu
sich finden können.
Und das ist wichtig: auch ohne amtlichen
Begattungsschein.

Bevorzugt seien nur noch
Angehörige der Organe,
in denen ein Kind wächst

von Wohnungsbeamten, endlich bestechlich
durch die Not der Menschen.

Spielzeuglied

Die Kinder aus meinem Haus spielen
zwischen den Häuserwänden,
und sie halten sich
an ihren Händen.

Und sie spielen Buntfernsehen,
Jesus Christus auferstehen,
Meiers Hansel siehst du nackich
in den Eiscremeladen gehen.
Hoffmanns großer Martin knobelt,
doch sein kleiner Bruder popelt.

Seht ihr, und keinen stört das.
Keiner macht da auf ein Fass,
und der Papa kauft dem Jungen gerne was,
und den Kindern macht das Spielen einfach Spaß.

Die Kinder aus meinem Haus spielen
auf unserm Hinterhof,
dort ist noch immer
Vater Zilles Schwof.

Das junge Brautpaar mit Zahnlücken
bekommt sein obligates Happy End.
Müllers Lieschen erzählt, dass ihr Vati
immer nachts woanders pennt,
und dass die dicke Frau im dritten Stock
in der Küche immer abends flennt.

Seht ihr, und keinen stört das.
Keiner macht da auf ein Fass,
und der Papa kauft dem Jungen gerne was,
und den Kindern macht das Spielen einfach Spaß.

Die Kinder aus meinem Haus spielen
Jagd nach West-Agenten,
und sie halten Plaste-MPis
in ihren Händen.

Denn die bunten Maschinenpistolen
kann die Mutti aus jedem Laden holen
und so erschießen sie sich!
Und so verwunden sie mich,
denn sie wissen doch nicht, was sie machen,
und sie haben nur Spaß am Krachen.

Seht ihr, und keinen stört das.
Keiner macht da auf ein Fass,
und der Papa kauft dem Jungen gerne was,
und den Kindern macht das Spielen einfach Spaß.

An einen künftigen Funktionär

Erst mal hochkommen
willst du.
Von oben her
mehr Einfluss nehmen
auf den Lauf der Dinge

Später.
Mit dem nötigen Überblick
könntest du lindern
diese oder jene Krankheit
der rosa Krebsgeschwüre
gleich einem Arzt.
Später.

Später
erscheinst du uns wieder
auf der Titelseite des Bezirksblattes,
doch gelangweilt
legen wir beiseite

einen Gesundbeter.

Ehemaliger Partisan, hoch im Sattel

Hat einst die Reaktion bekämpft,
ist heut längst prächtig eingedämpft
in leckrem Funktionärskomfort.
Der andre Saft ist ausgedorrt.

Jetzt sitzt er fest im Sattel wie
vor fünfzig Jahren die Bourgeoisie!
Die Rechte hält die Zügel straff,
die linke Hand winkt welk und schlaff

zum Volk hinab an Feiertagen,
das darf sich unterm Zaumzeug plagen.
(Der Mann vergisst auf hohem Gaul:
Wird er zur Last, fliegt er aufs Maul.)

Das Buchenwaldlied

In Buchenwald,
da machen Busse halt
vor Adolf Hitlers Stacheldraht.
Kulturplanschlau
macht eine Fahrt ins Blau
das Hoch- und Tiefbaukombinat.

Frau, warte hier,
ruft unser Brigadier
und rennt noch schnell zum Bockwurststand.
Anstatt mit Trauerflor
geht er durchs Lagertor
mit der Bockwurst in der Hand.

Und im Genickschussstall
sieht man auf jeden Fall
Herrn Ingenieur ganz nah des Seils.
Sein Sohn, der auch studiert,
ist technisch int'ressiert.
Papa erklärt ihm die Details.

Aus dem SS-Schlafhaus
schaun FDJ-ler raus,
sie winken der Gesellschaft zu.
Sie machen Ferien dort
mit Liebe, Spiel und Sport
und finden so endlich mal Ruh!

Man platzt vor Pietät,
was sich als Kranz entlädt,
niedergelegt am Glockenturm.
Dann Schluss mit diesem Stuss,
rein in den nächsten Bus
und auf die Ausflugskneipe Sturm.

Tramperromanze

Es war Sommer geworden,
das Jahr hing überm Land
schwer Birnen, reif und weich an den Bäumen.
Es war Sommer geworden,
die Tramper zogen los,
voll von Fernweh und wildgewachsnen Träumen.

An Fernstraßen, an Wegen,
an jeder Autobahn
standen sie, grauem Alltag zu entfliehen.
Von Karl-Marx-Stadt nach Rostock,
mit dem Lastzug nach Prag,
tausend Zwängen der Zeit den Zahn ziehen.

Ein neuer Weg,
man kommt aus seiner Haut,
bald spürst du voller Hoffnung,
dass deine Seele taut.
Ein neuer Weg, und ist es auch nur Flucht,
der Mensch findet doch nie sein Ziel,
wenn er nicht danach sucht.

So ein Typ kam am Tag nur
bis zum Hermsdorfer Kreuz,
im Rucksack Waschzeug, Schnaps und Zigaretten.
Und er schlug sich in die Decke,
blies die Harmonika, träumte,
dass wir alle Freiheit schon hätten.

Plötzlich stand da ein Mädchen,
ganz jung und in Blue Jeans,
der war es so wie ihm ergangen.
Sie trank von seinem Wodka,
er aß von ihrem Brot,
beider Augen hatten längst schon sich gefangen.

Ein neuer Weg,
man kommt aus seiner Haut (…)

Sie erzählten noch lange,
bar jeder Heuchelei,
dann liebten sie sich heiß, die Lippen brannten.
Inmitten von Feldblumen
glomm eine Rose schwarz,
beide fühlten etwas, das sie Menschsein nannten.

Nach der Nacht unter Büschen
Aber trennten sie sich,
sie trampte nach Süden, er nach Norden.
Es war Sommer schon lange,
zwei Tramper zogen los,
sagt, was ist wohl aus ihnen geworden?

Ein neuer Weg,
man kommt aus seiner Haut (…)

Hans Wieland, Möbelträger
Moritat und Bericht

I

Wir waren rausgeflogen
aus dem Studentenheim.
Hans hat uns hochgezogen
aus kaltem Straßenschleim.

Hans Wieland, Möbelträger,
Karl-Liebknecht-Straße zehn,
er nahm zur Untermiete uns,
mein Weib und mich, wie schön.

Wir wohnten in dem Mittel-
Zimmer, uns gelang's,
die Zeiten festzulegen
von wegen des Durchgangs.

In diesem Durchgangszimmer
wohnten wir vier Jahr
zu viert, da meine Liebste
zwei Kinder uns gebar.

II

Hans Wieland, Möbelträger,
fünfzig Jahr, ein Stier,
Hans Wieland fuhr die Hörner aus
nach fünfundzwanzig Bier:

Er traf nachts auf den Treppen
zwei Männer langen Haars,
Hans Wieland (selber Glatze) sprach:
Aha. Besuch vom Mars.

Die beiden gaben Kontra:
Hans Wieland! Fetter Wanst!
Da zischte Hans ganz bös und leis,
lang hätt er nicht getanzt!

Riss ab die Treppenbrüstung
und drosch die zwei zu Boden,
schnitt ab, voll von Entrüstung,
den zweien die langen Loden.

III

Hans Wieland und sein Kumpel,
trotz Sitte und Gesetz,
die liebten Frauen über Kreuz
ganz frei und ohne Netz.

Er hat es mir gebeichtet
bei einem Besäufnis!
Es war jedoch der Alkohol,
der mich dann niederriss.

Ich war vom vielen Saufen
ganz blass und ohne Glanz.
Da beugt sich, mir zu helfen,
sacht über mich der Hans.

Da kam's ihm hoch! Er kotzte
mir mitten ins Gesicht.
(Doch andern Morgens schrieb ich
schon wieder ein Gedicht.)

IV

Hans Wieland, Möbelträger,
sein Bett stank hinterm Schrank.
Drin liebte er viel Frauen viel,
drum war er öfter krank.

Uns stank das an! Wir gaben
dem Krankheitsamt Bescheid.
Sie kamen und sprühn und sagen dann:
Was ihr für Schweine seid!

Das hat uns tief beleidigt,
die Kinder, mich, die Frau,
so dass wir ausziehn wollten aus
dem Syph- und Tripperbau.

Wir stellten einen Antrag
beim Wohnungsamt der Stadt,
das viele Formulare zwar,
doch keine Wohnung hat.

V

Hans Wieland, Möbelträger,
Karl-Liebknecht-Straße zehn.
Eines schönen Tags wollt er
mir meinen Hals umdrehn.

Wie's kam? Es kam ganz plötzlich
Besuch vom Wohnungsamt,
der sprach, für uns ergötzlich,
Hans Wieland sei verdammt

Die Wohnung uns zu lassen
Für ein Appartement.
Ich spürte Hansens Jähzorn glühn,
als er sich auf mich schwang.

Wir kämpften eine Weile
zu dritt im engen Flur,
bis, alarmiert durch Nachbarn,
die Polizei vorfuhr.

VI

Es schrieb die Protokolle
ein fescher Offizier.
Hans Wieland schrie: Ihr Schweine!
Der Hund dort, der will mir

die Wohnung klaun! Er sollte
im Gefängnis landen!
Hans Wieland wurde abgeführt,
wir zogen zu Bekannten.

Ich traf 'ne Polizistin,
Mitglied der Kripozei,
die sagte mir (streng im Vertraun),
die Wohnung stünd jetzt frei.

Hans Wieland säß im Knast ein
wegen versuchtem Mord.
Wir jedoch, wir wohnten längst
an einem schönren Ort.

**Vorschlag
für die textliche Neugestaltung
der Nationalhymne der DDR**

Auferstanden aus dem Bette
und der Arbeit zugewandt.
Stolpere zur Haltestelle,
spute dich fürs Vaterland:

Rein, Prolet, in den Container,
sieh, der Werksbus braust herbei!
Eintritt kostet's nur zwei Zehner,
das Kombinat braucht Arbeitsvieh,
press dich in den müden Brei,
in den müden Brei.

Wenn ein Bonze beim Besuchen
dich mit Händedruck belegt,
breit grinsend deine Schulter klopft,
sei erregt und tief bewegt:

Halt die Schnauze immer weiter,
ist sie auch zum Speien voll.
Wähle dir als Blitzableiter
das Sparen auf den Pkw!
Werde wohlstandstoll,
werde wohlstandstoll.

Mach dich krumm. Mann, lass das Murren,
lies ein Buch aus alter Zeit.
Dann vergeht dir schnell das Knurren,
damals gab's viel größeres Leid!

Glaube, was sie dir vorplärren!
Glaube immer jeden Mist.
Spüre, wie die hohen Herren
mit dir Sozialismus spieln,
dass du ihn vergisst,
dass du ihn vergisst.

Salli Sallmann – Es blüht der feuerrote Mohn

1

Die im Titel des Nachwortes zitierte Verszeile ist dem Gedicht »Antwort auf eine Disziplinarmaßnahme« entnommen. Das vollständige Gedicht lautet: Aller Frustration zum Hohn / sprech ich diesen Vers. / Es blüht der feuerrote Mohn / auch ohne euch. Das wär's.

Mir scheint, dieser lakonische Vers samt Titel gibt nicht nur eine Antwort auf eine Disziplinarmaßnahme, sondern verweist paradigmatisch auf die Lebensläufe eigensinniger Geister in der zweiten deutschen Diktatur, deren Biografien wesentlich bestimmt wurden von einem frühen und meist noch sozialismus-freundlichen Widerwort gegen die rigoros praktizierte Allmacht der Partei, dem dann unvermeidlich die Disziplinarmaßnahme folgte und, so der Gemaßregelte nicht kuschte, eine weitere, was den Konflikt unweigerlich eskalieren ließ. Das aus der Herde abgeirrte Schäfchen mutierte daraufhin bei den Sicherheitsorganen ohne große Umstände zum feindlich-negativen Element, das umfassend überwacht und operativ bearbeitet werden musste. Wäre menschliches Leben nicht sehr viel reicher, könnte man meinen, solch widerständige Biografien seien eine sich aufgipfelnde und logische Folge von Antworten auf die fortwährende Repression des intoleranten und ideologisch eindimensionalen Systems, ein Konflikt, bei dem keiner aus seiner Haut kann: der Widerspruchsgeist ebenso wenig wie der diktatorische Staat.

Insofern ist die Biografie des Salli Sallmann nachgerade idealtypisch. Denn er war bei weitem nicht der Einzige, dem solches widerfuhr. Im »Archiv unterdrückter Literatur in der DDR« finden sich etliche Lebensläufe junger Dichter, deren fortgesetzte

Fragen letztendlich mit Gefängnishaft beantwortet worden sind. Im Nachhinein betrachtet war es fast unvermeidlich, wenn diese jungen, wachen Köpfe mit ihren Fragen auf diese ideologisch betonierte Erziehungsdiktatur mit ihren ständig wiederholten und immer gleichen Antworten traf. Ebenso unvermeidlich waren offensichtlich die Folgen: Die Köpfe hatten keine Chance gegen den Beton. Und haben doch etwas bewirkt.

2

Michael Sallmann wurde am 7. April 1953 im sächsischen Chemnitz geboren, das noch in seinem Geburtsjahr zwangsweise in Karl-Marx-Stadt umbenannt wurde. Auch Michael nahm später eine Umbenennung vor, aus Michael wurde Salli, im Gegensatz zu seiner Geburtsstadt allerdings freiwillig und selbstbestimmt. Hört man April 1953, könnte man meinen, er sei unter einem guten Stern geboren, denn Josef Wissarionowitsch Stalin war im März gestorben. Doch leider war mit dessen Tod der Stalinismus noch lange nicht aus der Welt, was schon im Juni mit der Niederschlagung des ostdeutschen Volksaufstandes brutal belegt wurde. Viele Jahre wirkte diese Praxis fort, was der da Hineingeborene zwei Jahrzehnte später noch schmerzlich erfahren sollte. Zunächst jedoch machte er sich wie jedes Kind auf den Weg, zu wachsen und sein Wissen von seiner kleinen und der ausgesperrten großen Welt zu mehren. Genährt von der alleinerziehenden, als Krankenschwester arbeitenden Mutter, oft behütet und betreut von der Großmutter und früh irritiert von einem Großvater, der mental in der ersten deutschen Diktatur verblieben war, wurde er 1959 im Erzgebirgsort Gornsdorf in die »Alexej-Stachanow-Oberschule« eingeschult, wurde selbstverständlich Jungpionier, erhielt schon in seinem ersten Schuljahr das »Sputnik-Abzeichen Stufe I«, beendete zehn Jahre später die Schule in Thalheim und ging anschließend zwei Jahre in die Lehre, um Maschinist für Großbaumaschinen zu werden.

Was so naht- und problemlos aussieht, war es indes bei näherem Hinschauen nicht. Neben den zeitlosen Nöten der Pubertät musste er wie jeder in der DDR-Diktatur Heranwachsende die Widersprüche zwischen großtönender Propaganda und der Realität des Alltags, zwischen behaupteter sozialistischer Demokratie und praktizierter Diktatur wahrnehmen und daraus seine Schlüsse ziehen. Er hatte die vom ihm ignorierte Wichtigkeit des korrekten Pionierknotens zu begreifen, er wurde als kindlicher Klassenkasper zu »konstruktiverem« Verhalten ermahnt, er hörte von ferner Mauer und Mauertoten, einem noch ferneren Bonn, das bei Opa zu »Bomm« degenerierte, und einem ganz fernen Bob Dylan, dessen Musik ihm und den anderen jedoch so naheging, dass sie darüber in der Schule nicht sprechen durften. Wie über so vieles nicht. Die Alternativen waren, in der vorgegebenen Sprache die vorgegebenen Antworten zu liefern, oder in Lüge und Schizophrenie zu leben und zu schweigen, oder die Risse zu benennen und auf Veränderung zu drängen. Letzteres Begehren versprach kein bequemes Leben, die Lektion war früh zu lernen. Außerdem war es in der von Zensur durchherrschten Gesellschaft schwer, sich argumentativ zu rüsten für das geprobte Widerwort, da alle Zugänge zu Andersdenkenden versperrt waren. In kleinstädtischer oder ländlicher Provinz war es nahezu unmöglich, sich aus dieser geistigen Enge mit eigener Kraft herauszuarbeiten.

Zudem gab es dort ein Jugendphänomen, das Sallmann in dem Text »Judenarsch« eindrücklich schildert. Es war die jugendliche Revolte gegen einen Staat, der seinen antifaschistischen Gründungsmythos so penetrant bemühte, dass die aus vielen anderen Gründen frustrierten Jugendlichen instinktiv die Stelle fanden, die ihrem restriktiven Vaterland, das beispielsweise die von ihnen geliebte Beatmusik samt der angesagten langen Haare verbot, am wehesten tat. Und das waren Nazi-Parolen. Diese spezielle Form des jugendlichen Aufbegehrens in der DDR war mit Sicherheit nicht die klügste, jedoch mit Abstand die provokanteste Ausdrucksweise des Protestes und der Verweigerung. Wie sehr es das konstruierte und labile Selbstverständnis der DDR-Ideologie traf, beweist die Tatsache, dass die DDR bis zuletzt den hausgemachten Neonazismus im eigenen Land offiziell verdrängte, da nicht sein konnte, was nicht sein durfte. Inwieweit die rückwärtsgewandten Äußerungsformen bei den Jugendlichen auch als Haltung oder gar Denken verinnerlicht oder manifest waren, hing sehr von der intellektuellen Ausstattung des einzelnen Jugendlichen ab. So auch bei Salli Sallmann, der sich dieser dumpfen und geschichtsvergessenen Szene schon bald entzog, um sich dann einem weit schwierigeren und, wie man lesen kann, gefährlicheren Unterfangen zu widmen, nämlich der Reform des stalinistischen, reformresistenten Sozialismus, an der sich ganze Generationen bis zu dessen selbstverschuldeten und historisch folgerichtigen Untergang abarbeiten sollten.

Ein frühes Schlüsselerlebnis war für ihn dabei das Jahr 1968. Da war er fünfzehn Jahre alt und musste sehen, wie die Russen im Erzgebirge ihre Invasionstruppen zusammenzogen, um dem tschechischen Experiment, einen Sozialismus mit menschlichem Antlitz zu versuchen, den militärischen Garaus zu machen. Was sie denn auch gründlich taten, allerdings mit kontraproduktiven Folgen, denn in den Köpfen wirkten die noblen tschechischen Ideen auch nach der Zerstörung des Prager Frühlings weiter, beispielsweise im Kopf des jungen Sallmann.

Aber erst einmal schrieb er suchend-emphatische Gedichte, zum Beispiel Ende der sechziger Jahre dieses: Noch sind die Tage nicht gezählt. / Noch winkt dem Leben nicht das Ende. / Schrei laut heraus, du enge Seele, / und leg in andre Seele Brände. // Noch stapfst du in getretnen Spuren, / noch ist der Lauf des Wegs bekannt. / Bald, junges Herz, machst du die Stapfen / als Erster durch dir fremdes Land.

Die empfundene Enge, die verzweifelte Suche, der vorgefühlte Aus- und Aufbruch, der dann 1971 mit der Delegierung zum Studium durch seinen Ausbildungsbetrieb geschah. Aus den Wäldern des Erzgebirges in die sächsische Großstadt Leipzig, er Student der Bauökonomie an der Ingenieurschule, frisch verliebt, sodass ihm selbst im Leipziger Industrienebel der Löwenzahn blühte. Hinzu kam, dass in jenem Jahr der inthronisierte neue SED-Generalsekretär Honecker Hoffnungen auf eine Liberalisierung auslöste, die der niemals einzulösen gedachte. Es war ein gefühlter, kein wirklicher Frühling. Der Partei hing noch immer der stalinistische Eiszapfen von der Nase. Dennoch wollten einige im Lande, darunter vor allem die Jüngeren, den Parteichef beim Wort nehmen und fochten für tabufreie Räume, so der Student und Liedermacher Sallmann. Denn der sang nun auch zur Gitarre seine selbst verfassten Songs, in die zunehmend die kritisch beobachtete Realität einbrach: Die grauen Krähen / hocken feist und fett / vom Winter / auf den Westantennen, // der Dreck / der weißen Tauben / schlägt die ersten Halme / in den Blumenkästen tot; // der Wind, schon lau, / ertaumelt schlapp / das Dach und lernt / den Rauch der Essen kennen: // Vorwärts geht's / es treibt! / Aus noch und noch beschnittenen Hecken, / die sie alsbald erneut beschneiden. / Und alles bleibt vorerst im Lot.

Student Sallmann avancierte gar zum Leiter des Singeklubs der Ingenieurschule. Nun war aber die so genannte Singe-Bewegung eine von oben organisierte Veranstaltung, in deren Klubs die abgestandenen Arbeiterkampflieder und jungkommunistisches Banjo-Geschrammel erklangen, aus denen jedoch auch und nicht selten die aufmüpfigen Liedermacher hervorgingen. Denn da gab es parallel die alternative, ständig vom Auftrittsverbot bedrohte Subszene der unabhängigen Beat- und Rockbands und einen ostdeutschen Liederbarden, dessen Name trotz DDR-Totalverbots landesweit bekannt war und dessen Lieder auf konspirativen Tonbandkopien heftig kursierten: Wolf Biermann. Den will der junge Liedermacher Sallmann unbedingt kennen lernen und trampt als »selbst ernannte Leipziger Ermutigungsdelegation« kurzerhand nach Ostberlin in die Chausseestraße 131, natürlich auch, um dem berühmten Biermann seine eigenen Texte zur Begutachtung vorzulegen. Biermann ist freundlich, rät dem jungen Pilger, er müsse poetisch noch ein bisschen auf die Weide, und gibt ihm die Adresse eines Leipziger Kollegen, die von Gerulf Pannach.

Pannach ist zu der Zeit bereits ein anerkannter Liedermacher mit einem guten Draht zum »Chansonklub Leipzig«, ist mit dem jungen Dissidenten Jürgen Fuchs bekannt und schreibt aufmüpfige Texte für die permanent vom Verbot bedrohte Leipziger Rockband »Klaus-Renft-Combo«, mit der er auch auf Tournee geht. Auch Christian »Kuno« Kunert, Organist und Sänger bei Renft, lernt Sallmann kennen und schätzen, und so gerät er willentlich in diese interessante, kreative Szene. Was aber selbstverständlich dem Überwachungsstaat nicht entgeht und Wellen schlägt, deren Amplituden mit der Zeit immer größer werden. Auch war er schon vorher einmal unangenehm aufgefallen, als er sich bei einer der so genannten Volkswahlen bockbeinig stellte und partout wissen wollte, wer eigentlich die alternativlos zu wählenden Kandidaten seien. Das war freilich nicht besonders hilfreich für eine DDR-Karriere.

Wie auch seine Solo-Auftritte nicht, dazu ohne Auftrittserlaubnis und bei allen sich bietenden Gelegenheiten: in Jugendklubs in der Disco-Pause, auf Weihnachtsfeiern in der Uni oder in den Eckkneipen von Leipzig-Connewitz. Auf Pannachs Vermittlung erhielt er schließlich seine Einstufung als Liedermacher und durfte legal mit seinen eigenen Liedern auftreten. Zunächst. Schon bald wies man ihn darauf hin, er dürfe »als Solist nur in einem Kollektiv auftreten« (sic!), worauf sich der rührige Salli beim »Chansonclub Leipzig« bewarb, angenommen wurde und fortan dessen und eigene Lieder sang. Die allerdings wurden dem Leiter des Chansonclubs der inkompatiblen Inhalte wegen zunehmend zum Problem. Vor verdienten Parteiveteranen sang der frisch verheiratete Sallmann in einem Tramper-

Song von den Zwängen der Zeit und trug seinen amüsanten Song »Badetag« vor: Ich war in dir versunken / bis hin zum matten Tod. / Und wir sind nicht ertrunken, / es ertrank nur unsere Not. // So, meine sanfte Dicke, / ertrank auch all mein Hass / für ein paar Augenblicke / im Badewannen-Nass. // Wir schwammen wie zwei Fische / im Waschlappen-Gewirr. / In unsrer engen Küche / klang leise das Geschirr. Die verdienten Veteranen erkannten darin einen bösartigen Angriff auf das gelobte Wohnungsbauprogramm der Partei und waren not amused. Für die kulturpolitischen Genossen war nun das Maß voll. Liedermacher Sallmann flog kurzerhand aus dem Chansonclub. Doch nicht nur das: Auch die Auftrittsgenehmigung wurde ihm entzogen, mit dem plumpen Hinweis auf strafrechtliche Konsequenzen im Falle, er täte es doch. Sallmann tat es, und nicht zu knapp. Der Zusammenprall von Individuum und Staatsmacht war nicht mehr aufzuhalten.

Zu diesem Zeitpunkt führte das Ministerium für Staatssicherheit bereits die Regie. Es hatte den Operativen Vorgang »Chanson« eröffnet und bearbeitete darin die zuweilen gemeinsam auftretenden Dissidenten Pannach und Sallmann. Hauptmann Tinneberg vom Referat XX/7 in Leipzig wies die angesetzten Inoffiziellen Mitarbeiter und alle Partner des politisch-operativen Zusammenwirkens (kurz POZW genannt) an, »illegale öffentliche Auftritte des S. rechtzeitig zu erkennen und zu verhindern«.

Im Sommer 1975, Student Sallmann stand kurz vor dem Examen und absolvierte gerade sein Abschlusspraktikum im Verkehrs- und Tiefbaukombinat Leipzig, wurde er exmatrikuliert, Begründung: Er sei durch »wiederholten Vortrag feindlich-zersetzender Textinhalte« als künftiger »Führungskader eines sozialistischen Kollektives ungeeignet«. Sallmann musste »zur Bewährung in die Produktion«, arbeitete als Kraftfahrer und trat allen Schikanen zum Trotz immer wieder mit seinen Texten ungenehmigt auf, so auch mit seinem »Lied eines Unbelehrbaren«: Widerspruch ist produktiv / laut Marx. Gewiss.

Doch ich lieg schief. / Ich kleiner negativer Held / werd einfach untern Tisch gestellt. // Der Sozialismus siegt, gewiss, / doch nicht durch mich. Ich Fliegenschiss / versperr die Sicht als kleiner Dreck. / Drum soll ich weg. // Tolerant, wie ihr es seid, / gebt ihr mir Bewährungszeit: / Jahre Umerziehungsfron. / Bewähr dich in der Produktion. // Ja, ich zahl den hohen Preis. / Ich hab verloren, doch ich weiß, / wer mir so die Knochen brach: / Der Klügere gibt niemals nach.

Wer solch selbstbewusste Schlüsse aus den eingeleiteten Maßnahmen zog, beschwor die nächste Drehung der Disziplinar-Spirale herauf: Nun verlor er auch noch seine Arbeit als Kraftfahrer, doch sang er munter weiter. Die Renft-Combo erhielt im September 1975 ihr endgültiges Auftrittsverbot. Gegen die Band und gegen Sallmann lief nun der Operative Vorgang »Wespennest«, Tatbestand: § 106 StGB, das hieß: Staatsfeindliche Hetze, das Strafmaß betrug ein bis zehn Jahre.

Im Frühjahr 1976 wurde er mit 23 Jahren zum Grundwehrdienst in der Nationalen Volksarmee einberufen – eine probate Maßnahme, kritische Geister für eine Zeit aus dem Verkehr zu ziehen, auch um die Biermann-Sympathisanten-Szene aktuell auszudünnen. Nun war aber die NVA als sozialistische Besserungsanstalt die denkbar ungeeignetste pädagogische Methode, junge Männer von den Vorzügen der sozialistischen Gesellschaftsordnung zu überzeugen, zumal kritische wie Salli Sallmann, der auch bei der Armee weiter dichtete und sang. Der in der NVA installierte Stasi-Hauptmann Unte konstatierte denn auch im Januar 1977: »Der Soldat Sallmann verfasst Lieder und Gedichte, die geeignet sind, die sozialistische Staats- und Gesellschaftsordnung der DDR zu schädigen. Durch Vortragen dieser Lieder und Gedichte vor NVA-Angehörigen beeinflusst er diese negativ. Er unterhält Verbindungen zu … (in BStU-Kopie geschwärzt) und zu den sich zurzeit bei der HA IX/2 in Haft befindlichen Feinden … (drei Namen geschwärzt), deren feindliches Gedankengut er heute noch verbreitet.« Mit den in Haft befindlichen Feinden waren unter anderem die Musikerfreunde Gerulf Pannach und Christian Kunert gemeint, die kurz nach der Ausbürgerung Wolf Biermanns im November 1976 verhaftet worden waren. Die Schlinge zog sich enger, im Frühjahr 1977 war es dann so weit. Vom Militärgericht Berlin wurde am 12. April der Haftbefehl gegen Soldat Sallmann ausgestellt mit folgender Begründung: »Er hat seit 1974 im größeren Umfang Schriften hergestellt, in denen die staatlichen und gesellschaftlichen Verhältnisse sowie die Tätigkeit staatlicher und gesellschaftlicher Organe der DDR diskriminiert werden. Der Beschuldigte hat diese Handlungen mit dem Ziel begangen, andere Personen gegen die politischen und gesellschaftlichen Verhältnisse in der DDR aufzuwiegeln.« Panzerfahrer Sallmann wurde von der Staatssicherheit in der Kaserne verhaftet und in die berüchtigte, zentrale Stasi-Untersuchungshaftanstalt in Berlin-Hohenschönhausen gebracht.

Das MfS hatte dieses Gefängnis 1951 von den Sowjets übernommen und es umgehend mit so genannten Feinden gefüllt: den Streikführern des Aufstandes vom 17. Juni 1953, Reformkommunisten wie den Leiter des Aufbau-Verlages Walter Janka, in Ungnade gefallene, eigene Politiker wie den ehemaligen DDR-Außenminister Georg Dertinger (CDU) und gekidnappte SED-Kritiker aus dem Westen wie den Westberliner Rechtsanwalt Walter Linse, der 1952 in der Nähe seiner Wohnung gekidnappt und ein Jahr später in Moskau hingerichtet wurde. Ende der fünfziger Jahre mussten Häftlinge des benachbarten Arbeitslagers im hinteren Teil des Geländes ein neues Gefängnis mit über zweihundert Zellen und Vernehmerzimmern errichten. Nach dem Mauerbau 1961 wurden hier vor allem Menschen festgehalten, die fliehen oder ausreisen wollten, darüber hinaus Kritiker der SED wie Rudolf Bahro, Jürgen Fuchs oder Bärbel Bohley. Statt mit physischer Gewalt wie noch in den fünfziger Jahren wurden die Häftlinge nun mit raffinierten Methoden der so genannten operativen Psychologie »zersetzt«:

Man ließ sie bewusst über den Ort ihrer Haft im Unklaren, man vermittelte ihnen systematisch das Gefühl, einem allmächtigen und allwissenden Staat ausgeliefert zu sein, man schnitt sie hermetisch von der Außenwelt ab und isolierte sie von den Mitgefangenen und man verhörte sie monatelang durch psychologisch geschulte Vernehmer, um gerichtsverwertbare, belastende Aussagen zu erhalten.

Häftling Sallmann war sehr bewusst, wo, bei wem und zu welchem Zweck er unfreiwillig Gast war, und versuchte, sich trotz des Schocks der Verhaftung seiner Haut zu wehren, so gut das eben unter diesen harschen Bedingungen ging. So dichtete er weiter: im Kopf, denn auch das Schreiben war verboten. So gelang es ihm, ein derart vorgefertigtes Gedicht auf dem Papier des Vernehmers zu notieren, indem er den bat, einen schriftlichen Antrag formulieren zu dürfen. Das Gedicht »Bittgesuch an den Anstaltsleiter« und etliche andere fand Sallmann im Jahr 2006 in den Archiven der Birthler-Behörde wieder: Den Anstaltsleiter bitte ich, / ohne viel zu schleimen, / dass er Papier und Stift gewähr, / ich möchte stasi-reimen. // Ihr könnt ruhig lesen, was ich schreib / an staatsfeindlichen Texten. / Ich weiß: Ihr klagt mich deshalb an. / Doch ich schreib schon den nexten. // Der Staat und ich, wir haben uns / gehörig in der Wolle. / Deshalb gäb ich die Verse weg, / umgehend, zur Kontrolle. // Glaubt aber nicht, ich hätte vor, / mich bei euch anzubiedern. / Ich möchte in der Übung bleiben, / ich sitz ja wegen Liedern.

In diesen Zeilen wird eine bewundernswerte Standhaftigkeit deutlich, die in Berlin-Hohenschönhausen gewiss nicht einfach durchzuhalten war. Er widerstand in den Verhören, er wehrte einen Anwerbungsversuch ab und wurde schließlich vor die Wahl gestellt, entweder zu einer langjährigen Haftstrafe verurteilt zu werden oder die DDR auf Nimmerwiedersehen sofort zu verlassen. Häftling Sallmann entschied sich für die Freiheit, obwohl er in der DDR und über sie noch viel zu sagen hatte, und wurde im September 1977 mit einer Entlassungsurkunde aus der DDR-Staatsbürgerschaft eine Woche nach seinen Musikerkollegen Pannach und Kunert von der Staatssicherheit und dem Anwalt Vogel aufgrund »besonderer Bemühungen der Regierung der DDR und der Bundesregierung« in den Westen abgeschoben. Aus der Traum von einem reformierten Sozialismus, die Illusionen zerstoben.

In Westberlin bestritt er seinen bescheidenen Unterhalt eine Zeit lang als Musiker, aber auch als Hilfsgärtner, Krankenpfleger, Essenausfahrer und Nachtwächter. Neben der publizistischen Aufarbeitung seiner DDR-Erfahrungen war jedoch das Schreiben und das Publizieren eigener Texte die Hauptsache, die ihm mit einigen eigenständigen Buch- und Schallplattenveröffentlichungen auch gelang.

Als 1980 sein Sohn Matthes geboren wurde, entschloss er sich zu einem, wie er selbstironisch sagt, bürgerlichen Leben: Er absolvierte auf dem zweiten Bildungsweg das Abitur und studierte ab 1984 an der Freien Universität Berlin Germanistik. 1987 heiratete er ein zweites Mal, seit 1988 arbeitete er als freier Journalist unter anderem für die »TAZ« und die »Frankfurter Rundschau«, 1989 beendete er das Studium mit Bestnote und arbeitete sich beim Deutschlandfunk und beim RIAS auch als Hörfunkjournalist ein. Seit 1992 war er Redakteur für Literatur beim ORB und ist seit 1997 bis heute Literatur- und Kulturredakteur beim SFB/ORB-Gemeinschaftsprogramm RADIO KULTUR bzw. dem RBB-Kulturradio. Daneben, aber nicht als Nebensache, tritt er hervor mit Musikveröffentlichungen, als Sänger, als Herausgeber und als Autor.

3

Die vorstehenden autobiografischen Berichte, Balladen und Gedichte sind erzählte DDR-Geschichte. Sie zeigen den DDR-Alltag authentisch von unten, erzählen von der Eigensinnigkeit gegenüber einem repressiven System und deren Folgen, benennen, was die Menschen in der DDR beengte, was sie fröhlich stimmte oder sie verzweifeln ließ. Die Texte zeigen auch das wachsende Selbstbewusstsein, das endlich frei zu atmen begehrte und sich von der Staatspartei nicht mehr das Maul verbieten ließ.

Damit können und sollen diese Texte nach dem ausdrücklichen Willen des Autors nachwachsenden Generationen verdeutlichen, warum der DDR-Sozialismus letztlich scheitern musste. Angesichts einer zunehmenden Unkenntnis über die DDR-Diktatur scheinen sie sogar dringend erforderlich. Salli Sallmann erzählt gern die Geschichte vom netten VW-Lehrling aus Braunschweig, der ihm erklärte, Margot Honecker sei die Ehefrau von Salvador Allende gewesen, die jener aus der DDR freigekauft habe.

Die Lyrik und die Liedtexte entstanden bis zu Sallmanns Ausbürgerung aus der DDR 1977. Ein Teil fand sich in den Archiven der Bundesbeauftragten für die Stasi-Unterlagen wieder, ein anderer Teil wurde vom Autor, in der Haft auswendig gelernt, nach der Entlassung notiert. Die autobiografischen Texte entstanden zum großen Teil noch in der DDR, einige von ihnen wurden 1978 in Westberlin in die Anthologie »DDR-konkret« aufgenommen, blieben damals jedoch mehrheitlich aus Platzgründen ungedruckt und erscheinen damit hier zum ersten Mal.

Das vorliegende Buch ist ein Blick zurück – damit die Sicht auf gegenwärtige Debatten und nach vorn klarer wird. Das erhoffen sich Autor wie Herausgeber.

Joachim Walther
Grünheide, im August 2008

Literarische Gegenwelten
Das »Archiv unterdrückter Literatur in der DDR«

Das spezialisierte Literaturarchiv ist von den Autoren Ines Geipel und Joachim Walther in den Jahren 2001 bis 2004 mit Förderung durch die Stiftung zur Aufarbeitung der SED-Diktatur zusammengetragen und gegründet worden. Träger des Projektes war der Autorenkreis der Bundesrepublik, Forum für Literatur und Politik. Mit dem Jahr 2005 steht der Quellenbestand im Archiv der Stiftung Aufarbeitung für wissenschaftliche Forschungs- und Dokumentationszwecke der interessierten Fachöffentlichkeit zur Verfügung.

Das Archiv stellt Vor- und Nachlässe von Autoren bereit, deren Texte zu Zeiten der DDR geschrieben worden sind, dort aber bis zu ihrem Ende nicht erscheinen durften. Dass sie existieren, belegt das Vorhandensein einer widerständigen Literatur jenseits des offiziellen DDR-Literaturbetriebes und außerhalb des von oben diktierten Kanons. Als authentische Zeugnisse gehören sie zu einer bislang kaum wahrgenommenen literarischen Gegenwelt, die den thematischen, formal-ästhetischen, letztlich politischen Vorgaben an die Literatur trotzte, aus diesen Gründen unbenannt blieb und ins Vergessen gedrängt werden sollte.

Neben der Sicherung der Primärtexte und des dazugehörenden biografischen und zeithistorischen Sekundärmaterials soll den vormals unterdrückten Autoren und ihren Texten durch Publikationen, Kolloquien, Lesungen sowie insbesondere durch die Edition »Die Verschwiegene Bibliothek« erstmals eine öffentliche Stimme gegeben werden.

Dies andere Gesicht der in der DDR geschriebenen Texte zeigt ein vielfältigeres, ambivalenteres und polarisierteres Bild ostdeutscher Literatur, als es das bisher Publizierte vermittelt.

Die Stiftung zur Aufarbeitung der SED-Diktatur möchte mit dem von Ines Geipel und Joachim Walther aufgebauten Bestand des »Archivs unterdrückter Literatur in der DDR« den Blick auf den Literaturraum und das totalitäre Projekt DDR weiten.

Weitere Informationen über
www.stiftung-aufarbeitung.de

£4.-